KB214136

걸어 다니는
진흙 덩어리

송재식 목사의 삶과 신앙 그리고 목회 이야기

걸어 다니는
진흙 덩어리

지은이 | 송재식
펴낸이 | 원성삼
표지 디자인 | 한영애
표지·본문 일러스트 | 민경숙
펴낸곳 | 예영커뮤니케이션
초판 1쇄 발행 | 2023년 12월 20일
등록일 | 1992년 3월 1일 제 2-1349호
주소 | 03128 서울시 종로구 대학로3길 29, 313호(연지동, 한국교회100주년기념관)
전화 | (02) 766-8931
팩스 | (02) 766-8934
이메일 | jeyoung@chol.com
ISBN 979-11-89887-74-2   (03230)

값 22,000원

모든 인간은 하나님의 형상을 닮은 존귀한 존재입니다. 사람은 인종, 민족, 피
부색, 문화, 언어에 관계없이 모두 다 존귀합니다. 예영커뮤니케이션은 이러한
정신에 근거해 모든 인간이 존귀한 삶을 사는 데 필요한 지식과 문화를 예수 그리스도의
사랑으로 보급함으로써 우리가 속한 사회에 기여하고자 합니다.

송재식 목사의 삶과 신앙 그리고 목회 이야기

걸어 다니는
진흙 덩어리

송재식 지음

이 한 권의 책 속에, 목회자로 부르신 하나님께 응답한 저자의 일생이 담겨 있다.

29년의 시간, 무엇 하나 쓸모없었던 저에게 하나님은 수만 가지를 더해 주셨습니다. 쓸 만해서 쓰심도
아니요, 할 만해서 사용하심도 아니었습니다. 하나님의 긍휼하심과 은혜뿐입니다.

예영

한 권의 책 속에는
저자의 일생이 들어있다

고 훈
안산제일교회 원로목사

1973년도, 열아홉 살 송재식은 신학생 막내둥이였다. 전남 장성군 서삼면 송현리 산 107번지, 푸실 마을에서 갓 올라온 촌티나는 청소년이었다. 필자는 그때부터 지금까지 그를 지켜보았다.

1. 가난의 광야를 건너온 목사

그 시대의 사람들은 가난 속에서 예외 없이 보릿고개를 겪어야 했다. 그러나 송 목사는 군 복무 후 신학교를 마칠 때까지 열두 달 보릿고개를 넘어야 할 만큼 극한 가난을 겪었다. 못 먹고 못 입고 만

년 영양실조 걸린 몸으로 하나님은 사모님을 만나게 하셨고 가난의 광야는 끝이 났다. 그의 글을 읽다 보면 우리 가슴에 슬픔이 가득한 것은 그의 가난은 주님의 가난이기 때문이다.

2. 고난의 광야를 건너온 목사

가족과 함께 프랑스 대학에서 유학 중 잔인한 마피아들을 만나 길거리에서 총기 난사를 당해 피투성이가 되어 병원에 입원하고 수술했으나 소망이 없었다. 두 딸을 안은 사모님은 정신을 잃었다. 그들에게 주신 하나님의 말씀은, "피투성이라도 살아있으라, 피투성이라도 살아있으라"(겔 16:6)였다. 이 고난의 광야가 없었다면 송 목사에게 교수직도 서림교회 담임목사도 없었다. 그의 고난은 고난이 아니다. 기적이었고, 은혜였고, 하나님의 손길이었다.

3. 환난의 광야를 건너온 목사

과로로 인해 간 수치가 2,500을 넘고(정상 수치 100 미만) 말기 간염으로 쓰러진 송 목사, 필자 역시 말기 암으로 쓰러져 제주도에서 함께 요양했다. 제주 서귀포 갯바위에서 무릎 꿇고 한여름 뙤약볕에서 "하나님 우리 한 번만 살려주십시오. 성전 하나 짓고 하나님께 가겠습니다." 그때 흘린 땀은 땀이 아니라 우리들의 피눈물이었다. 이 처절한 기도는 응답받았고 필자도 성전을 짓고 송 목사도 광야인답게, 광야의 상징인 천막교회를 짓고 두 교회를 섬기는 목사가 됐다. 그 후 여러 차례 쓰러지기를 거듭하며 찌질이 절름발이 야곱이 되었다. 29년 목회를 마치고 퇴임할 때, 교회만 평안하다면 나는 이래도 좋고 저래도 좋다며 자기를 비우고 퇴임했다. 가난, 고난, 환난으로 빚어 주신 송 목사의 목회 일생을 몸으로, 영으로 토해낸 글들이 이 책 안에 있다.

오면체(五面體) 다이아몬드의
신앙과 신학을 가진
'진흙 덩어리'의 영적 목회자와 신학자

최윤배
전 장로회신학대학교 조직신학 교수, 현 객원교수

'송재식 목사의 삶과 신앙 그리고 목회 이야기'라는 책 부제를 통해서, 이 책의 내용을 저자의 회고록 정도로 짐작할 수 있습니다. 그러나 추천자는 각 페이지 한 줄, 한 줄을 읽으면서 많이 울었습니다. 목사와 교수라는 직업상으로 책을 가장 많이 접하는 추천자로서 지금까지 이 책만큼 매료된 책은 극소수입니다. 이 책을 모든 평신도, 신학생, 목회자, 신학자, 인생과 기독교에 관심 있는 모든 분에게 반드시 일독을 강권합니다.

이 책은 5부로 구성되어 있는데, 마치 오면체를 가진 다이아몬드같이 반짝반짝 빛나는 귀한 보석입니다.

'제1부 걸어 다니는 진흙 덩어리'에서 추천자는 성(聖) 아우구스티누스의 『고백론』을 읽었습니다. 인간에 대한 성경의 가장 정확한 표현은 진흙으로 빚어진 '질그릇'이며, 그리고 깨어지기 쉬운 '연약한 질그릇'입니다. 일반 사람은 한 번도 견디기 힘든 큰 사고와 큰 질병을 저자는 세 번씩이나 체험한 '진흙 덩어리' 자체입니다. 그러나 '인간'으로서의 '진흙 덩어리'는 보배이신 예수 그리스도를 고이 모시고 있습니다.

'2부 오직 예수, 오직 은혜'에서 추천자는 종교개혁 운동의 선구자 마르틴 루터의 『95개조 반박문』을 발견했습니다. 구원의 길과 구원의 은혜를 '예수 그리스도' 밖에서 찾으려는 그 당시 로마 천주교회의 신앙과 신학에 정면으로 대항하여, "오직 예수"(Sola Christus), "오직 은혜"(Sola Gratia)를 외친 루터처럼, 21세기의 '종교개혁자'로서의 저자를 발견합니다.

'제3부 목양자의 편지'에서 추천자는 에베소교회를 향한(행 20:24, 28), '눈물과 사랑'의 목회자 바울 사도를 발견합니다. 서림교회와 한국 교회를 향한 '목회자'인 저자의 교회 사랑과 성도 사랑이 진하게 우러나고 있습니다.

'제4부 자기를 부인하고'에서 추천자는 처음에 십자가 지기를 거절했지만, 나중에 자원하여 십자가에 거꾸로 매달려 순교한 베드로가 생각났습니다. 저자는 '철저한 자기 부인을 통하여' 십자가의 걸림돌을 제거하려는 인본주의적 신앙과 신학의 유혹을 성공적으로 뿌리치는 '십자가의 사람'임을 발견합니다.

　'제5부 영성의 깊은 샘'에서 추천자는 토마스 아 켐피스의 『그리스도를 본받아』의 '현대 경건 신앙', 프랑스 개혁 교회 위그노의 '경건 신앙과 신학' 및 칼뱅의 『기독교 강요』의 '경건 신학'을 읽었습니다. 경건 신앙과 경건 신학의 탁월한 전문가인 저자는 자기의 몸에 직접 익히고, 삶에서 직접 실천한 '경건 신앙'과 치열하게 연구한 '경건 신학'을 학문적인 글을 통해 발표함으로써, 자신을 '경건한 신앙인'과 '경건 신학자'로 확고하게 자리매김하고 있습니다.

목차

 제1부 걸어 다니는 진흙 덩어리

제2부 오직 예수, 오직 은혜

제3부 목양자의 편지(목회서신)

빛고을 야곱,
송재식 목사님 우리 원로목사님
- 송재식 원로목사 추대에 -

고 훈
안산제일교회 원로목사

뒤돌아본 29년

에벤에셀 은총의 시간

함께 새로 출발할 마라나타 내일은

야훼이레 희망의 시간

황무지 광야에

하늘은 우리의 목자로

당신을 보냈습니다

걸어 다니는 **진흙** 덩어리

우리가 울면

당신 눈에 주님의 눈물로 채워 울게 하셨고

우리가 아프면

당신은 주님의 몸으로 대신 아프셨고

우리가 헐벗으면

한 벌 옷으로 우리를 입히셨고

우리가 배고프면 하늘 만나 되어

우리를 배불리 먹이신 오직 예수의 목자

우리는 뿔 없고 할큄 없는 양무리 되어

거친 광야에서도 쓰러지지 않는 야성으로

환난 앞에서도 주저앉지 않는 영성으로

오늘의 영광스런 서림공동체가 됐습니다

한 사람을 만인 대하듯 만인을 한 사람 대하듯

구별 없고 차별 않으신

우리들의 공평하신 목자

우리는 지난 29년 당신으로 인해

너무 행복했습니다

우리는 당신을

더 존경하고 따를 수 있었는데

그러지 못한 것이 많이 후회되고 죄송합니다

당신과 함께하지 못한 모든 부족한 일들은

보내주신 후임목자와 함께 더욱 잘하여

위대한 교회로 도약할 것입니다

은퇴 후 사역이 더욱 왕성하여

영원히 우리 곁에

기도로 사랑으로 전도로

어르신으로 원로목사님으로 계십시오

우리는 결코 변하지 않고

교회를 떠나지 않을 것입니다

걸어 다니는 **진흙 덩어리**

비바람 눈보라에도 열조들이 지은

옛 성전은 50년을 든든히 서 있고

광야 천막교회는

천천의 청년들이 숨 쉬고 활동하고 있는데

당신의 몸은 머리부터 발끝까지

성한 곳 하나 없이 모두 부서졌습니다

빛고을 절름발이 야곱

송재식 원로목사님

당신의 희생을 감사합니다

그리고

우리는 당신을 영원히 사랑합니다

멋지게 마무리하고 싶었는데 …

본래 저자가 쓴 『다시 수직적 교회로』와 함께, 이번 가을 출판기
념회를 하려 했으나 원로목사 추대식 기념으로 본서를 발간하게 되
었습니다.

곰곰이 생각해 보면, 무엇 하나 쓸모없었던 저에게 하나님은 수
만 가지를 더해 주셨습니다. 쓸만해서 쓰심도 아니요, 할만해서 사
용하심도 아니었습니다. 하나님의 긍휼하심과 은혜뿐입니다. 연약
하여 깨어지고 둔탁하여 매도 맞았으나 너무도 아프고 쓰라린 날들

이기에, 이 글을 읽는 분들에게 하나님의 터치(만지심)가 있으리라 기대합니다.

처음 시작한 목회지에서 마지막까지

29년 전에, 호남신학대학교 교수이던 저를 목회자로 불러주심이 저의 일대기에 하이라이트라 할 수 있습니다. "나의 사랑, 서림교회"는 저를 목회자로 거듭나게 해준 교회입니다. 목회 경험이 전혀 없었던 젊은(41세) 저를 감싸주고 뒷바라지해주셨던, 아버지와 어머니 같은 장로님들, 권사님들이 평생 잊지 못할 은인입니다.

어느 하나 잘하는 것 없고, 젊었기 때문에 실수가 잦고, 다듬어지지 않은 저를, 나이 많은 장로님들이 전폭적으로 감싸주시고 목회에 전념하도록 지원해 주셨음을 지면을 통해 공개합니다. 제 가슴엔 온통 서림교회뿐입니다. 서림교회에서 목회를 시작했고 서림교회에서 목회를 마감합니다. 그리고 서림교회 원로목사로 추대되어 하나님 나라 갈 때까지 서림교회를 위해 기도할 것입니다. 저는 은퇴 선언 이후 생각나는 성도들 한 사람 한 사람을 위해 기도하기 시작했습니다.

본서는 5부로 구성되어 있습니다. 모든 내용이 회고록에 가까운 간증과 편지이며, 저자의 영성이 녹아있습니다.

제1부 걸어 다니는 진흙 덩어리

이미 대다수 독자가 저의 간증집을 읽거나 들어서 알려진 부분입니다. 그러나 소제목 "뇌출혈, 세 번째 쓰러짐", "무력한 목자의 편지", "텐트처치, 새 비전을 품다"에서 교회당 건축한 이야기는 짧지만, 매우 긴 기적 같은 내용입니다. 사람들은 쉽게 잊으려고 합니다. 저자가 뇌출혈로 쓰러져 회복 불가라는 주치의의 진단이 나왔으나 온 성도들의 기도로 기적적인 회복을 보고도 그때뿐이었습니다. 그 후 다리를 절뚝거리며, 어눌한 말(뇌출혈 후유증)로 설교할 때는 은혜받고 곧 잊어버립니다. 그뿐 아니라 뇌출혈 후유증으로 제 몸 하나 지탱하기 힘들어하면서 새 성전(수완동 텐트처치)을 건축하여 입당할 때, 그토록 기적 같은 일이라고 좋아하던 분들이 곧 잊어버리는 것을 보았습니다. 그래서 저자는 "잊지 마라, 기억하라"고 설교하며 외쳤습니다. 세 번씩이나 진흙 같은 육체가 처참하게 깨어지고 무너지는 것을 경험하면서 하루하루를 사는 것을 "다시 걷는 진흙 덩어리"라고 표현했습니다.

걸어 다니는 **진흙 덩어리**

제2부 오직 예수, 오직 은혜

여기에서 저자는 자기의 삶을 대표적인 일기와 메모를 통해 회고합니다. 19세에 시작한 신학 공부를, 다섯 개 대학에서 20여 년간에 걸쳐 마치고 39세 나이로 호남신학대학교 교수로 강의하기 시작했습니다. 이 말을 하는 이유는 학창 시절이 길었던 만큼, 깊은 영적 고뇌를 많이 했다는 것입니다. 시간이 지나고 보니 영성 신학을 위한 필수과정이었습니다.

> 한라산!
> 고요한 독방!
> 지혜롭게 살지 못한 과거의 삶이 한스럽기만 하다.
> 산기슭에 안개가 자욱하다.
> 그간 세상의 죄악으로 닫혀버린 내 영, 내 마음!
> 내 영혼아. 문 열어라!
> 새롭게 되어라!
> 진리를 따라 살아라![1]

---

1 한라산 기도원에서 1. 1981.07.09., 본서 p.126.

"30세가 된 지금에 여러 가지 사건들이 내 앞에 대두된다. 가장 큰 문제점은 오늘에 이르기까지 신학교 4년의 공부와 일반대학 3년의 과정 그리고 군 생활 3년이 20대의 전 세월을 메꾸고 있는데 얼마나 밑바탕을 자리 잡아 주고 있으며 큰 디딤돌이 되었느냐는 물음 앞에 서 있다. 정확한 가치관을 지니고! 출세 위주의 학문을 탈피하고! 나의 할 일만을 찾아서 더 이상 방황하지 말고 푯대만을 향하여 꿋꿋하게 달려가야 하겠다."[2]

젊은 20대 때부터 심한 가슴앓이를 하면서 기도원과 수도원을 찾아가곤 했습니다. 결국 저는 프랑스 지중해 연안 엑상프로방스, 개혁신학대학에서 영성 신학으로 신학박사(Th.D)를 취득하고 귀국하여 영성 신학을 강의하다가 서림교회 목회자가 되었습니다. 2012년 중풍으로 쓰러진 후의 메모(본서 p.160)를 보면, 100가지 감사 제목을 찾다가 치유의 기적을 경험했습니다. 그때부터 오직 예수, 오직 은혜로 살고 있습니다.

---

2 나이 서른에 지금. 1983.01.26. 한라산에서, 본서 p.133.

제3부 목양자의 편지(목회서신)

제4부 자기를 부인하고(한국기독공보 칼럼)

제5부 영성의 깊은 샘(영성신학 특별 강연)

3-5부에서 저자의 영성 색깔이 드러납니다.

사람마다 자기 세계 혹은 자기 관념이 있다. 사람은 자기 세계관만
큼 살다가 떠나는 것 같다. 앞서가는 사람들은 남이 볼 수 없는 미
지의 세계를 미리 내다보고 사는 예언자적 세계관을 지니고 있다.
반면에 늘 뒤처지는 사람들을 보면 남들이 이미 걸어간 그 길을 흉
내 내며 따라간다.

예로부터 그리스도인들은 시대의 징조와 역사의 미래를 예리하게
전망하여 새로운 대안을 내놓았던 사람들이다. 일반인들이 볼 수
없는 것을 미리 내다보며 어떠한 상황에서도 쉽게 주저앉거나 포
기하는 일이 없었다. 우주 삼라만상과 역사를 통치하시는 하나님
을 믿는 믿음의 시각, 영적 해상력을 가지고 살기 때문이다.[3]

참 선지자 그룹은 희망이 안 보이는 절망 속에서도 한 줄기 희망

---

3   그리스도인의 영적 해상력. 본서 p.236.

을 내다보는 것입니다. 깊은 웅덩이에 빠진 요셉이 수직적 빛을 내다본 것처럼, 지금 캄캄한 웅덩이에 빠진 한국 교회도 한 줄기 수직적인 빛이 보입니다.

독자 여러분! 한번 고개를 들어 위를 바라보십시오. 하늘로부터 급하고 강한 빛으로 오신 분이 성령님이십니다. 하늘에서 내려온 성령을 기다리는 120명이 한국에 있으면 됩니다. 하늘에서 내려온 성령이 온 교회를 가득하게 할 것입니다.

저는 목회 사역이 끝났습니다(착륙을 무사히 했다). 하나님의 은혜로 서림교회에서 Start(시작)하고 서림교회에서 The Ending(마감)하게 되니, 하나님과 교우 여러분에게 감사드립니다. 모든 것을 비우고 또 내려놓고 감사만 가득 메우고 싶습니다.

시인 이형기의 〈낙화〉라는 시를 읊고 싶습니다.

가야 할 때가 언제인가를
분명히 알고 가는 이의
뒷모습은 얼마나 아름다운가.

- 이하 생략 -

또한 가수 넬(NELL)의 곡, 〈The Ending〉을 부르고 싶습니다.

'후' 불면 날아갈 듯 깃털만큼 가벼웠잖아.

'톡' 하고 건드리면 깨질 만큼 나약했잖아.

텅 빈 그 말들로 붙잡아 보려 하지 마.

- 이하 생략 -

Au revoir(안녕).

제1부

걸어 다니는 진흙 덩어리

푸실의
초가집

　어린 시절에 대한 나의 기억은 오로지 지독한 가난 때문에 눈물 나고 힘들었던 일들밖에 없다. 그래서 한편으로는 그 시절의 힘들고 고달팠던 삶을 애써 기억하고 싶지 않은 것도 사실이다. 까만 고무신의 바닥이 닳아도 마땅히 신을 것이 없어 슬리퍼처럼 질질 끌고 다녔던 일, 찢어지고 해진 어머니의 속바지가 보기 흉해 "내가 크면 엄마 속바지 사줄게"라고 말했던 일이 기억난다. 그렇게 그 시절의 기억은 모두 암울하고 서글픈 것들뿐이다.

어머니를 잃은 팔 남매

나주와 영암을 거쳐 목포로 이어지는 남도의 젖줄 영산강. 그 영산강은 송정리 평동에서 황룡강 물줄기와 합류한다. 황룡강 줄기를 따라 위로 거슬러 올라가다 보면 내가 태어나고 자란 작은 시골 마을에 다다른다. 황룡강변에 자리 잡은 전남 장성군 서삼면 송현리의 푸실이 바로 그곳이다. 초가집 두 채가 전부인, 마을이라고 부르기에도 초라한 그곳이 내가 태어나 자란 고향이다.

푸실. '풀이 우거진 마을'이란 예쁜 이름의 이곳은 황룡강으로 흘러드는 큰 시내가 마주 보이고 좌우로는 작은 실개천들이 합쳐지는 곳이다. 노령산맥 줄기가 마지막으로 내달아 치솟은 축령산 기슭에 자리한 그 작은 마을 푸실에서 나는 어린 시절을 보냈다.

어머니는 우리 7남 1녀의 형제들을 남겨두고 내가 어렸을 적에 세상을 떠나셨다. 갑작스런 어머니의 별세는 우리 형제들을 더 깊은 가난의 밑바닥으로 내몰았다.

초등학교 시절, 전깃불이 들어오지 않아 호롱불 등잔 밑에서 공부하다가 축농증에 걸려 고생했던 기억이 난다. 내 위로 세 분의 형님이 있었는데, 형들은 초등학교만 졸업하고 서울로 상경했고, 막노동으로 번 돈을 나와 내 동생들의 학비로 보내주곤 했다. 나는 그 형님들 덕분에 학교에 다닐 수 있었다.

푸실에서 장성 읍내에 자리 잡은 중·고등학교까지는 이십 리 가까운 먼 거리였다. 그 거리를 우리 형제들은 매일 걸어 다녀야 했다. 형님들이 힘들게 번 돈으로 산 운동화가 행여나 닳아서 해어질까 늘 마음 졸였던 기억이 선명하다. 그 당시에 운동화를 다시 산다는 것은 사실상 거의 불가능한 일이었기 때문이다. 아래 동네 아주머니들은 우리 형제들의 사는 모습을 볼 때마다 울먹이며 한숨짓곤 했다.

유일한 탈출구, 교회

이렇게 찢어지게 가난한 형편 속에서 어린 시절과 청소년 시절을 보낸 내가 그래도 비뚤어지지 않고 바르게 성장할 수 있도록 지켜 준 보루는 바로 어렸을 때부터 출석했던 교회였다. 초등학교 시절부터 나는 집에서 십여 리 정도 거리에 있던 서삼면 소재지의 예배당에 열심히 출석했다.

당시 집안 친척과 부모 형제들은 모두 유교 전통과 관습을 철저히 따르고 있었고, 날마다 교회에서 시간을 보내는 나를 도무지 이해할 수 없었다. 나는 그분들로부터 수도 없이 미친놈이란 소리를 들어야 했다. 그만큼 나는 교회 활동에 열심을 냈고, 교회는 내 어린 시절의 유일한 탈출구였다.

그러다가 중학교 3학년 때 교회학교 보조교사로 임명되면서 성경을 공부하기 시작했다. 교회의 형님과 누나들은 나를 향해 똑똑하고 총명하다며 '솔로몬'이란 별명을 붙여주었고, 늘 내게 살갑게 대해 주었다. 예수님을 만난 데다가 가정에서 느껴 보지 못했던 따뜻한 사랑을 교회에서 맛보게 되자 어둡고 침울했던 내 성격도 차츰 밝아지기 시작했다. 지금 생각해 보면 이 모든 것이 나를 향한 하나님의 각별하신 사랑과 섭리였음을 깨닫는다.

재식아, 죽지 마!

심한 우울증과 인생의 회의 속에 방황하던 청소년 시절, 나는 더이상 삶의 의미와 목적을 찾을 수가 없었다. 살아갈 필요가 없다고 생각했다. 여린 나의 영혼은 스스로 감당하기 어려운 영적인 질병으로 신음했다. 눈만 뜨면 어떻게 죽을까를 생각했다. 그러다 한번은 저수지에 몸을 던졌고, 또 한번은 농약병을 들었다. 그리고 세 번째 죽으려고 시도했을 때 교회에 출석하지 않은 나를 찾으러 온 교회누나가 다급하게 소리쳤다.

"재식아, 죽지 마!"

누나도 엉엉 울었고 나도 울었다. 교회학교 교사였던 누나가 보조 반사(교사)였던 나를 심방 온 것이었다. 누나는 전라남도 장성군 서삼면 송현리 산107번지 푸실 마을까지 찾아와서 죽으려던 나를 발견하고 살려냈다. 그때부터 누나는 내가 신학교에 들어갈 때까지 나의 멘토가 되어 주었다. 당시 누나이자 선생님이 했던 말 한마디는 잠자던 내 영혼을 깨웠다.

"재식아, 메뚜기 병을 물리쳐야 해!"

나중에 알고 보니 이 말은 선생님의 말이 아니라, 성경에 기록된 하나님의 말씀이었다. 그 시절의 지독한 가난은 학교생활을 힘들게 했지만, 신앙생활에는 오히려 많은 유익과 위로를 더해 주었다. 학교에서 돌아오는 길에 매일 교회에 들르는 것이 그 시절 나의 유일한 즐거움이었다.

내가 너를 택했다

내 생애의 첫 번째 전환기는 고등학교 2학년 때였다. 어머니께서 일찍 돌아가시는 바람에 점점 더 어려워진 가정 형편은 마침내 나와 우리 형제들이 더 이상 학교 교육을 받을 수 없는 지경까지 이르고 말았다. 결국 우리 형제들은 다니던 학교를 중단한 채 각자 뿔

뿔이 흩어져야 했고, 형님들은 돈을 벌기 위해 서울로 올라갔다. 온순하고 겁이 많았던 나는 고등학교를 중퇴한 후 동생들과 함께 고향에 머물면서 할 일 없이 배회해야 했다.

그러는 동안 나는 점차 초라해져 가는 자신을 의식하면서도 고향을 떠나지 못한 채 영양실조와 신경쇠약에 걸려 죽음의 골짜기를 넘나들어야 했다. 어느 날, 나는 희미하고 점점 스스로 통제할 수 없는 정신상태에 빠져들었고 아무 생각 없이 마을 근처 저수지에 무작정 뛰어들었다.

그러나 어린 시절부터 황룡강에서 배운 수영 실력이 그 죽음의 순간에 나를 본능적으로 벗어나게 했다. 학교 친구들은 물론 교회 성도들까지도 나를 비웃는 것 같았고, 나는 점점 살아야 할 의미와 목적을 상실한 채 폐인이 되어 갔다. 당시 내 입에서 나오는 것은 오직 원망뿐이었다.

"하나님, 너무 하십니다. 왜 저를 이렇게 내팽개쳐 두십니까?"

그러던 초겨울 어느 날, 서삼교회에서 부흥집회가 열렸다. 나는 이것이 내게 주어진 마지막 기회라 생각하고, 식음을 전폐한 채 철야를 하며 열심히 하나님께 매달려 울부짖었다. 그렇게 집회가 끝나가는 금요일 새벽이었다.

"하나님, 이대로 저를 방치해 놓지 마시고 간섭하소서. 그리고 저를 도와주소서!"

나는 반복해서 부르짖으며 간구하고 또 간구했다. 그때였다. 갑자기 가슴이 뜨거워졌다. 너무나 뜨거워서 나는 가슴을 쥐어뜯을 수밖에 없었다. 그렇게 얼마나 기도했을까. 갑자기 내 앞에 빨간 십자가가 나타나는 것이었다. 나는 반복하여 외쳤다.

"말씀하소서! 말씀하소서!"

그때 나는 한 번도 들어보지 못한 이상한 소리를 들었다.

"내가 너를 택했다. 내가 너를 택했다."

나는 부들부들 떨었고, 잠시 후 이루 말할 수 없는 감격과 환희에 그냥 뒹굴고 말았다. 그 순간 마지막 소리가 들려왔다.

"너는 나의 길을 가라."

나는 눈물로 뒤범벅된 채 엎드려 있었다. 폭풍우와도 같은 이 체험은 나를 강하게 사로잡았다. 그 이후 놀랍게도 영양실조와 신경쇠약증이 말끔하게 사라졌고 건강이 완전하게 회복되었다.

부르심과 순종

그러나 나에게 던져진 그 음성의 뜻이 무엇인지 그 당시 나로서는 도저히 알아차릴 수가 없었다. 궁리 끝에 나는 교회 전도사님을

걸어 다니는 **진흙 덩어리**

찾아가 내가 경험한 일을 자세히 말씀드렸다. 듣고 계시던 김재철 전도사님은 그 자리에서 즉각 명령조로 말씀하셨다.

"목사가 되어라."

다른 궁리하지 말고 하나님의 명령에 순종하라는 것이었다. 하나님의 부르심이 확실했다. 그러나 나는 망설이지 않을 수 없었다. 당시 상황과 건강으로는 도저히 공부할 엄두도 낼 수 없는 형편이었고, 자신도 없었기 때문이다. 다시 공부를 시작해 고등학교를 졸업해야 했고, 그러기 위해서는 막노동을 해서라도 학비를 벌어야 했기 때문이다. 하지만 하나님의 도우심을 믿고 결단을 내려 공부하기로 결심하고 검정고시를 준비하기 시작했다.

낮에는 막노동 현장에서 일했고, 밤에는 고등학교 교과서를 펼쳐 놓고 열심히 공부했다. 그리고 교회에 머물며 사택 일을 도왔다. 나는 매일 하나님께 간구했고, 하나님은 그런 나를 불쌍히 보시고 내 기도 소리에 귀 기울이셔서 기적을 경험하게 하셨다.

내가 건강한 모습으로 일하면서 공부한다는 소식이 서삼면 일대에 알려지자 만나는 사람마다 나를 칭찬하며 용기를 주었다. 게다가 내 소식을 접한 송씨 문중에서는 13만 5천 원이란 거액의 장학금을 지원해 주었다.

1972년도 대학 입학금이 6-7만 원 정도였으니, 그 돈은 정말 엄청난 큰돈이었다. 이를 통해 나는 하나님의 부르심에 대해 구체적으로 응답할 수 있었고, 가정교사로 초등학생을 가르치면서 차분히 신학대학 입학을 준비하기 시작했다.

걸어 다니는 **진흙** 덩어리

푸실의 도랑에서
파리까지

1973년 3월, 훗날 교수로도 재직하게 된 호남신학교에 입학했을 때 나는 가장 어린 학생이었고, 동급생들은 거의 형님 또는 삼촌 격의 연장자들이었다. 그래서 당시 내 별명은 '애기 전도사'였다. 그 시절의 형님 같은 동급생들은 오늘의 내가 있기까지 든든한 동역자이자 기도의 은인이 되어 주었다. 도서출판 '빛과 소금'의 대표이자 발행인이신 송대섭 목사님도 그 신학교 시절 처음 만나게 되었다.

어린 신학생, 풋내기 전도사

신학교 2학년 시절, 스무 살의 어린 나이로 나는 장성군 남면에 있는 개척교회인 행정교회의 담임 전도사로 부임했다. 당시 교회에서 준비한 사례비는 6천 원이었다. 어느 집사님에게서 허름한 청색 양복 한 벌을 얻어 입고 목회에 첫발을 내디딘 어린 전도사를 교우들이 따뜻하게 반겨주었다.

그 당시 행정교회에는 일곱 분의 집사님들이 계셨다. 그분들은 나의 연소함을 감싸주면서 새벽마다 눈물의 간구로 나의 목회를 도와주었다. 그때부터 행정교회는 나의 영원한 은인이요, 산 신앙 간증의 교회가 되었다.

프랑스 유학을 마치고 행정교회에 방문했을 때 그 집사님들은 백발이 성성한 노인이 되어 있었다. 얼마나 감회가 새로웠는지 모른다. 나를 위해 여전히 기도하고 있다는 그분들 말씀에 얼마나 감사했는지 모른다.

호남신학교 시절 나의 삶은 온통 하나님께 잡힌 바 된 삶이었다. 날마다 감사가 흘러나왔다. 당시 신학생이라면 누구나 겪어야 했던 경제적 어려움으로 인해 하루를 한 끼 기숙사 밥으로 때우면서도 늘 기도와 찬송으로 지내며 공부할 수 있었다. 그 삶이 하나님의 부르심에 대한 응답임을 확신했기 때문이다.

행정교회는 내가 군에 입대하기까지 2년 동안 많이 부흥했고, 동시에 나 자신 역시 영적으로 성장해 갔다. 신학교에서 공부하며 온몸과 마음을 바쳐 섬겼던 행정교회에서의 풋내기 전도사 시절은 내 인생에서 가장 순수했던 신앙훈련의 장이었으며, 지금껏 나의 뇌리에서 사라지지 않고 남아 있다. 짧은 목회 경험이었지만 내게 주어진 소명을 다시 확인할 수 있었고, 일찌감치 목회의 어려운 부분도 경험할 수 있었기 때문이다.

더 큰 꿈을 꾸게 하신 하나님

군 복무를 마치고 복학하니 어느덧 신학대학 졸업반이었다.

"일찍 목사가 되려고 하지 말고 더 공부해라."

선배 전도사님들, 당회장이신 박형구 목사님과 교수님들, 특히 맹용길 박사님은 내게 일반 대학 공부를 강권하셨다. 그러나 내 생각은 거기까지 미치지 못했다. 푸실 도랑에서 부름 받아 여기까지 온 것만도 기적이고 감사한 일인데, 감히 일반 대학 4년을 더 공부한다는 것은 내게 꿈같은 일이었다. 하지만 내 삶은 내가 사는 것이 아님을 점차 인식하면서 나는 하나님께 구체적으로 간구하기 시작했다.

"하나님, 일반 대학입니까? 서울 장신대 목회연구과입니까?"

밝히기 힘든 부분이지만 나의 상황은 급변하여 일반 대학 입시

쪽으로 기울었다. 6개월여 동안 낮에는 신학교에서, 밤에는 입시학원에서 공부에 몰두했다. 그러던 중에 내게 또다시 기적이 일어났다. 입시 준비 기간도 충분하지 못했는데, 전주대학교 불어교육과에 합격한 것이다. 이것이 장차 프랑스 유학의 밑거름이 될 줄 누가 알았겠는가?

나의 학창 시절을 돌아보면 하나님의 섭리에 대한 간증밖에 없다. 4년 동안 장학금을 독차지하면서 한 해도 휴학하지 않았고, 기적과 같은 복을 누리며 오직 연구하고 정진할 뿐이었다. 1984년, 드디어 신학대학과 일반 대학 8년 과정을 모두 마치고 부푼 마음으로 광나루 장로회신학대학원에 입학했다.

하나님은 송 전도사 편이다

이제 전국의 명문대학교 출신 학생들과 함께 나란히 공부하게 된 것이다. 황룡강 상류, 노령산맥 깊은 계곡의 가난한 마을 초가집 호롱불 밑에서 부름 받아 드디어 서울까지 올라오게 된 것이다. 누가 뭐라 해도 내겐 대단한 발전이었고 믿기지 않는 현실이었다.

이때부터 나는 비로소 본격적으로 신학연구에 집중할 수 있게 되었다. 광나루 선지동산에서 훌륭한 은사님들과 좋은 친구들을 사

걸어 다니는 **진흙 덩어리**

귀며 신학 연구에 몰두했다. 뒤늦게 학문의 맛을 알게 된 나는 신학대학원 2, 3학년 때 점차 두각을 나타내기 시작했다. 졸업반이 되면서는 다들 어렵다고 말하는 신학석사(Th.M)를 목표로 공부했고, 당시 2-3명 정도 뽑는 역사신학 전공 분야에 지원했다. 이때 동료들은 한결같이 입을 모아 내게 말했다.

"하나님은 송 전도사 편이다."

결국 신학석사 과정에 합격하여 세미나에 참석했고, 어려운 영문 서적과 씨름해야 했다. 그러는 동안 나의 뇌리에는 나를 향한 '하나님의 섭리'로 가득 차 있었고, 지금까지 인도하신 하나님이 바로 내 미래의 주인공이심을 확인했다.

1987년 봄, 서른네 살의 늦은 나이에 나는 결혼하여 가정을 이루었다. 아내는 나와는 아주 다르게 경제적으로도 부유하고 신앙적으로 신실한 장로님 가정에서 자라났다. 하지만 아내는 전혀 다른 환경에서 자라온 나를 이해하려고 최선을 다해 노력했다. 또한 아내는 어려운 환경에서 가난하게 살아온 신학생이었던 내가 프랑스 유학을 꿈꾸고 구체적으로 결심할 수 있게 해준 장본인이기도 하다.

생명의 신학에 매료되다

1987년 여름, 프랑스 파리 복음주의신학대학으로부터 입학허가
서가 도착했다. 그 당시 아내는 첫 아이 지은이를 임신하고 있었다.
당연히 아내와 함께 가야 했지만 여러 가지 여건이 허락되지 않아
임신한 아내를 처가에 남겨 놓고 나 혼자서 파리행 비행기를 타야
했다. 1987년 9월 25일, 푸실의 도랑에서 시작된 내 삶의 여정은 이
제 프랑스 파리의 센(Seine)강으로 진출한 것이다.

서울에서 공부할 때도 그랬지만 파리에서도 나의 모습은 지극히
왜소해 보였다. 하지만 내 심장만큼은 결코 그렇지 않았다. 푸실 골
짜기 빈농의 호롱불 밑에서 불러내어 지금까지 인도하신 하나님, 그
분의 간섭 아래 있음을 확신했기 때문이다.

나는 파리 근교의 복음주의신학대학 박사과정에 입학했다. 이
대학은 유럽에서 이름난 보수주의 신학대학으로 유럽의 여러 나라
와 아프리카, 아메리카 등지에서 온 유학생들로 가득했다.

유학생들이 대부분 그렇듯 내가 넘어서야 할 산은 엄청나게 많
았다. 문화적인 이질감, 농촌형 식생활, 언어의 장벽 같은 것들 외에
도 그동안 내가 배워 온 신학적 입장과 그곳 복음주의신학대학이 가
진 신학 노선과의 차이에서 오는 수많은 고뇌와 갈등이 바로 그것이

걸어 다니는 **진흙** 덩어리

었다.

그러나 그때까지 보수신학의 진수를 맛보지 못한 채 지극히 비판적 견해만 가지고 있었던 나에게 하나님은 놀라운 기회를 주셨다. 그 학교는 박사과정 이수 과목으로 성서신학(신구약)을 매우 중요시했던 반면, 조직신학과 역사신학 분야는 부스러기 취급한다는 느낌이 들었다.

이 때문에 나는 다른 신학대학으로 옮겨야 하나 고민하며 잠시 방황하기도 했다. 특히 내가 익숙해 있던 성서비평학적 해석방법론에 대해서는 무척 비판적이었던 반면, 고작 한두 번 들었을까 말까한 '수사학적 성서분석방법론'을 더 중요시했기 때문이다. 하지만 훗날 나는 하나님이 왜 나를 그곳에 보내셨는지 깨닫게 되었고, 그분의 깊은 뜻과 계획을 알게 되었다.

그 후로 박사과정 과목 세미나에 충실하면서부터 내가 어렵게 여겼던 여러 가지 신학적 매듭이 풀리기 시작했고, 나는 서서히 복음주의 신학도로 변신하게 되었다. 보수주의 신학자들의 해박한 신학 방법론에 감탄했고, 무엇보다도 그들의 인격과 신앙에 압도되었다. 그분들은 유명한 학자들임에도 불구하고 몸소 신학도들을 섬기는 모범을 보여주었고, 엄격하면서도 용서와 관용을 아끼지 않았다. 한편으로는 자유롭게 사는 것처럼 보였지만 가난하게 사는 법을 몸소 가르쳐 주신 분들이었다.

그 은사님들은 언제나 내 영성과 경건생활의 모범이 되어왔다. 그곳에서 배운 신학은 한 마디로 '생명의 신학'이었다. 그 논리의 핵심은 "진리가 파괴되거나 훼손되어서는 안 된다. 인간들의 어리석은 탐구욕에서 비롯된 진리를 찾는다는 명분으로 진리를 파괴해서는 안 된다"는 것이었다.

그럼에도 불구하고 해박한 지식으로 고전을 파헤치며 '계시된 말씀'에 집중하는 그분들의 학풍은 나를 압도하고도 남았다. 나는 보화와도 같은 정통신학의 조명 아래 내 박사과정의 마지막 신학적 결실을 정리했다.

나의 증인,
나의 아내

　내 아내 조영선은 오늘까지 내 신학하는 삶의 증인이자, 목양자로서의 삶을 함께 걸어온 동반자다. 아내를 처음 만난 것은 군에서 전역한 후 신학교 3학년에 복학했을 때였다. 그 당시 아내는 장로님 가정에서 경제적으로도 넉넉한 가운데 티 없이 활발하게 자라난 20세의 대학생이었다.

　하지만 나를 만난 후 아내는 세상의 그늘진 곳을 알게 되었고, 나의 힘든 생활을 지켜보면서 여러 가지 난관을 말없이 이겨 나가야 했다. 또한 아내는 29세가 되기까지 나를 기다리면서 내가 자유롭게 공부할 수 있도록 격려와 지원을 아끼지 않았다.

　우리 부부에게 가장 힘들었던 시기는 결혼 후 임신한 아내를 남겨 두고 내가 프랑스 유학을 떠나야 했던 때였다. 유학 동안의 긴 별거 생활을 통해 하나님은 나와 아내를 단단히 훈련시키셨다.

유학 생활 2년째 접어들었을 때, 아내는 6개월 된 딸과 함께 파리에 왔다. 오랜만에 만난 서로의 모습은 야위고 초췌했지만 그래도 마냥 행복했다. 하지만 경제적으로 너무나 궁핍한 상황에서 내 연구가 지연될 위기에 처하자 아내는 결국 어린 딸과 함께 다시 귀국을 서둘러야 했다. 아내와 나는 하염없이 울면서 다시 한번 헤어짐의 고통을 감내해야 했다.

1989년 4월 9일, 그날 아내에게 보낸 편지는 당시 우리의 상황을 잘 대변해 준다.

사랑하는 지은 엄마에게

당신에게 편지 쓰는 이 시간이 가장 안정되고 행복한 순간이며 전화하는 순간이 최고의 즐거움입니다. 계속해서 듣고 싶은 당신의 음성이지만 인내함으로 절제합니다.

또한 지은이가 부르는 빠빠(papa, 아빠) 소리가 귀에 쟁쟁함에도 불구하고 그 소리를 듣지 않으려고 뿌리쳐야 하는 나의 조건과 상황을 오직 당신만은 알리라 봅니다.

처음 유학을 왔을 땐 어떻게 살고 공부할 것인가 막막하여 많이 울었지만 지금은 언어와 문화의 장벽이 아닌, 당신과 지은이 생각에 힘들어하고 있습니다.

그러나 하나님께 바로 서고 기도함으로 잊으려 애씁니다. 잊어버린다는 말은 공부에만 전념하기 위함이니 서운해하지 말기 바랍니다.

하나의 일에 집착하여 뜻을 이루지 못하면 나의 삶이 많이 흩어짐을 경험했기 때문에 조심스런 자세로 연구에 임하고 있습니다. 머리가 많이 가벼워졌고 흐트러진 마음이 정리되어 가며 불어 서적과 연구하는 것들이 눈에 들어오고 맑아져 갑니다.

오히려 지금은 마치 내가 모세의 광야생활과 바울의 아라비아 사막생활에 접어든 기분이며, 이 기간이 하나님의 훈련의 장이라 생각됩니다.

그래서 당신의 말대로 서두르지 않고 차분한 자세로 공부에 임하고 있습니다.

고린도후서를 공부하면서 많은 은혜를 받고 있습니다. 그것은 그리스도를 육체대로 앎이 아니라 새로운 영적 거듭남으로 앎이며 내가 이제 사는 것은 나를 위해 죽으시고 다시 사신 화해자 그리스도를 증거하기 위해 사는 것임을 확증 받았습니다.

다음 주에는 로마서 4장을 연구하고 5월에 발표하게 될 호세아서의 수사학적 분석을 히브리어 원문으로 준비해야 합니다. 그리고 5월 이후에는 교회사 소논문을 위해 몇 권의 책을 읽고 나머지 시간은 박사과정 종합시험을 준비해야 합니다.

- 중략 -

지금 나의 마음엔 아무것도 두렵거나 무서운 것 없으나 항상 나의 머리와 가슴 속에는 당신과 지은이로 가득 차 있기 때문에 그로 인하여 내가 약해질까 하는 것이 가장 두렵습니다.

오직 당신의 도움이 필요합니다. 그 도움이란 무엇보다도 매달림의 기도와 인내라 하겠습니다. 주 안에서 항상 강건하며 약해지지 말고 굳세게 사는 삶의 방법을 터득하도록 합시다.

나에게 가장 힘든 10일이 지나고 있습니다. 책을 다시 잡고 익숙해지기까지는 어려움이 많이 따를 것입니다. 그러나 너무 걱정하지 말아요. 잘 견디어 승리할 것입니다. 그럼 또 쓸게요.

주 안에서 안녕!

당신의 남편 송재식

얼마 후 나는 아내의 답장을 받았다. 편지에는 당시 둘째 딸을 임신한 몸으로 이사를 해야 할 것 같다는 조심스런 말이 담겨 있었다. 점점 어려워지는 처가의 형편 때문에 독립하여 광주에다 조그만 방 하나를 얻어 살아야겠다고 하니 내 마음은 무척 불안했지만 어찌 할 도리가 없었다.

1989년 5월 10일, 나는 아내에게 다시 이런 편지를 보냈다.

보고 싶은 지은 엄마에게

오늘 또다시 당신의 편지를 받고 많은 사랑의 증거와 당신의 현 상황을 모두 알 수 있었습니다. 무엇으로 당신을 위로하고 그 힘든

가족 사진

마음을 함께 나누어야 할지 모르겠구려. 내일 오후 1시 20분에 발표할 리포트를 거의 완벽하게 준비해 놓고 반복해서 읽어 보는 중에 편지를 기다릴 당신을 생각하며 몇 자 적어 봅니다.

우리 인간은 하루의 삶 속에서도 몇 번씩 짜증과 고됨의 희로애락이 겹치고, 아침의 신선한 마음이 저녁의 우울로 변하는 약하디약한 심성을 지녔습니다. 그러기에 연약한 인간인 우리에게는 하나님이 필요합니다. 우리를 지으시고 다스리시는 하나님의 손길에 의존해야 하는 것입니다.

하나님이 계시니 두려움이 없고 하나님이 모든 것을 감찰하시니 혼돈할 필요가 없습니다. 우리에게 문제가 있다면 우리의 모든 것을 전폭적으로 하나님께 드리지 못하는 데에 있고, 하나님을 의지하는 우리의 믿음이 불완전하기 때문에 몸과 마음과 정신마저도 흐려지는 것입니다.

나는 요즘 불어로 된 신학 서적을 한 권 한 권 차분하게 독파하면서 하나님의 역동적인 진리의 활동하심을 많이 발견하고 있습니다. 하나님이 나를 이곳에 보내신 큰 뜻을 성취해야 한다는 일사각오로 그분께 전적으로 의지합니다.

사실상 사막을 헤매는 듯한 학문 탐구의 여정에서 지금까지 넘어지지 않고 온전했음은 첫째로, 하나님의 강권하시는 역사와 둘째로, 당신의 끊임없는 격려와 배려가 있었기 때문입니다. 그래서 지금도 아무 염려 없이 연구에만 몰두하고 있으며, 내일모레 두 가지 연구과제 발표 후 곧 있을 시험을 준비하고 있습니다. 그리고 6월 1일에 있을 역사신학 리포트를 서둘러야 합니다. 시험이 끝나면 시간의 여유가 조금은 생기겠지만 현재로선 시간을 쪼개고 또 쪼개도 언제나 모자라 다급한 마음마저 들기도 합니다.

당신도 지은이와 함께 외출도 하면서 활기차게 살기 바랍니다. 또한 육체적으로나 정신적으로 고통이 있게 되면 반드시 하나님께 간구하여 그분을 의지함으로 이겨내기를 바랍니다.

당신과 내가 처한 현실이 서글프지만은 않다는 걸 인식하는 것이 중요합니다. 오늘은 내일을 위한 사막 여행일 뿐이니까요. 여보, 모든 일이 어렵게 돌아간다하여 상심하거나 근심은 하지 마오. 우리가 활기차게 펼칠 그 사역의 날들을 바라보면서 인내하기 바랍니다.

나는 이제야 학문의 맛을 알게 된듯하여 여간 기쁘지 않아요. 이렇게 하면 2-3년 내 박사학위 취득이 가능할 것 같습니다. 물론 이곳 분위기는 '적당히'가 통하지 않아요. 연구 결과만이 그대로 인정되고 그것으로 평가되어 하나의 결실을 보게 되어 있지요. 당당한 학위를 얻어 귀국하는 날 우리 사역의 날개는 활짝 펼쳐질 것입니다.

우리가 빨리 만날 수 있도록 기도합시다.

지은이가 무척 보고 싶구려. 아직 이곳에서 한국 사람은 만나보질 못했습니다. 소문에 의하면 정 아무개라는 학생 한 명이 언어 문제로 시험을 치르지 못하고 귀국했다고 합니다.

그런 소식 하나에도 어렵고 힘든 이곳 생활을 새삼 느낍니다. 힘들고도 먼 이 길, 당신이 동참한 고달픈 길, 여기까지 왔으니 잘 인내하고 진행해야 합니다.

겨울의 차가운 눈보라와 같은 과정이 진행 중이지만, 이 계절이 지나면 수많은 새와 나비들과 사람들이 찾아와 쉼을 얻는 아름다운 인간의 꽃이 되길 나는 원합니다. 그 꽃을 피워 내기 위하여 당신의 남편은 많은 세월을 인내하며 기다렸습니다.

가난을 알고, 흙을 알았으며, 물과 달의 조화도 그리고 무서움도 알았습니다. 지금도 나의 고향 푸실의 호롱불이 내 마음속에 불씨로 남아 있습니다. 모진 인간의 고뇌와 나그네 인생의 힘든 여정을 어려서부터 익혀왔고 인간 윤리의 철저한 한계 상황과 버려진 형상의 꼴도 보았습니다. 하나님과 인간 사이의 엄청난 장벽과 거리 그리고 착오도 느꼈습니다.

여보, 사랑하오. 나는 당신의 도움이 있어야 힘있게 설 수 있소. 이 사역의 한 페이지를 잘 꾸며 나갈 수 있도록 나를 도와주기 바라오. 당신은 힘들고 고달픈 남편을 선택한 댓가로 측은한 여인이 되었나 보오.

나를 많이 알고 있는 당신이여! 보이는 현실에서 세상과 물질적으로 본다면 나는 내놓을 것 아무것도 없는 가장 불쌍한 인간입니다. 당신 남편의 가치가 어디에 있음을 너무나 잘 아는 당신이기에 잘 참아주리라 생각하오.

바울을 가리켜 '이 세상이 감히 감당치 못할 사람'이라 하였는데, 참으로 어떤 땐 바울이 소망하였던 것처럼 이 현실을 떠나 하나님의 진리로 충만된 나라로 직행하고픈 생각에 잠기곤 합니다. 남편으로서 책임 없는 말을 하는 듯하군요. 말이 그렇다는 것입니다.

날마다 긴장 속에 살다 보니 내 몸의 건강 상태를 돌볼 여유가 없습니다. 다만 당신과 지은이 몸조심하고 사모로서 늘 품격을 간직하소서. 사람의 힘으로는 안 되는 법이고 기도와 말씀에 의존하면서 항상 마음에

평화를 유지하도록 하오.

그 평화는 하나님이 주시는 평화이어야 할 것이니 하나님께 간구해야 합니다. 일주일에 한 번 편지 쓰는 이 시간, 내 마음은 당신과 지은이에게 가 있는 듯합니다. 그럼 내 마음을 받아 주길 바라며 안녕!

파리에서 송재식

나와 아내는 힘든 유학 기간을 잘 견뎌냈고 우리 부부의 합작품으로 어려운 박사과정을 유학 2년여 만에 통과함으로써 박사학위 논문을 쓸 자격을 얻게 되었다. 나와 내 아내의 기도를 들어주신 하나님이 긍휼히 여겨주셨기 때문이었으리라.

그해 가을 나는 논문 지도교수를 따라 남부 프랑스 지중해 연안의 소도시 엑상프로방스에 자리한 개혁신학대학에 등록했다. 하나님은 우리의 어려운 형편을 보시고 프랑스 정부에서 거의 무료로 제공하는 학생 아파트를 얻게 하셨다.

나는 잠시 귀국하여 둘째 딸 사은이의 출산을 기다리며 한국에 머물렀다. 그러는 동안 당시 남정규 목사님이 시무하고 있던 광주동광교회에서 부족한 나를 부목사로 청빙해 주었다. 동광교회는 그때

걸어 다니는 **진흙 덩어리**

부터 내가 신학연구를 마치고 귀국하기까지 많은 연구비용과 생활비를 보조해 주었다.

　나아가 남정규 목사님은 내게 있어 생명의 은인이라고 할 수 있는 분이시다. 내가 뜻밖의 사고를 당해 쓰러져 생명이 경각에 달한 상태로 누워 있을 당시 멀리 프랑스의 병원에까지 방문하셔서 눈물을 흘리시며 많은 기도를 해주셨다고 한다.

마피아의 총탄에
쓰러지다

우리 네 식구는 다시 프랑스로 건너가 작은 아파트에서 살았다. 지중해의 맑고 온화한 날씨 속에서 모처럼 행복을 느끼며 학위논문을 준비하고 있었다. 그러는 동안 나에게 커다란 위기가 닥쳐오고 있었다. 당시에는 느끼지 못했지만, 그 위기는 어쩌면 나 자신에게서 시작되고 있었던 것 같다.

교만을 내리치신 하나님

나도 모르는 사이에 영적으로 교만해지기 시작했던 것이다. 하나님의 능력에 의지하기보다는 나 자신의 머리를 믿었고, 성경 연구

걸어 다니는 **진흙 덩어리**

와 기도하는 시간까지 할애하여 논문 준비에만 몰두하고 있었다. 때로는 다른 사람을 무시하고 상처 주는 말을 하기도 했고, 주위 사람들이 주는 애정어린 충고조차도 받아들이려 하지 않았다.

그 때문에 우리 부부는 가끔 다투기도 했다. 하나님의 인도하심을 망각한 채, 나 스스로 잘나서 유학까지 온 줄로 착각했던 것이다. 한마디로 하나님의 은혜를 배반하고 곧 받게 될 학위에 기고만장하여 살고 있었던 것이다. 하나님은 이런 나를 가만히 내버려 두지 않으셨다. 마침내 하나님은 감당하기 어려운 몽둥이로 나의 교만을 내리치셨다.

1991년 5월 6일 저녁, 나는 한국 유학생의 상담 요청 전화를 받고 외출을 서둘렀다. 승용차로 아파트 촌 골목의 좁은 길을 달리고 있었는데, 갑자기 앞서가던 차가 멈추어 섰다. 나도 모르게 급히 브레이크 페달을 밟았다.

그 순간 앞에 멈춘 차에서 내린 한 청년이 내게로 다가왔다. 그는 내 차의 유리창을 박살 내더니 무작정 내 이마를 내리쳤다. 이마에서 쏟아져 얼굴로 흐르는 피를 막으며 안절부절 어쩔 줄 모르고 있던 순간, 그는 내게 총을 겨누더니 한 발을 쏘았다. 실탄은 내 복부를 꿰뚫고 갈비뼈 사이로 빠져나갔다.

총상으로 인한 큰 고통은 느낄 수 없었지만, 나는 차츰 의식이 희미해져 감을 느낄 수 있었다. 튀어나온 창자의 체온을 손으로 느끼며 '내가 이렇게 죽어 가는구나!' 하는 생각에 너무나 억울한 마음이 들었다.

죽음의 문턱, 그리고 긴 꿈

빛바랜 사진처럼 두 딸의 모습이 희미하게 나타났고, 아내의 불쌍한 얼굴이 뇌리를 스치고 지나갔다. 살려 달라고 소리쳐 보았지만, 소리가 나오지 않았다. 그리고 나는 죽었다.

끝을 알 수 없는 긴 꿈속에서 푸실을 보았고 어머니와 형제들, 서삼교회와 중·고등학교 시절, 행정교회와 신학대학 동료들을 보았다. 그리고 일반 대학 시절부터 서울과 파리에서의 나의 삶을 보았다. 이유를 알 수는 없었지만 나는 혼수상태 속에서 나의 어린 시절부터 지금까지 살아온 모든 삶의 여정을 파노라마로 보고 있었던 것이다.

내가 이 꿈에서 깨어났을 때는 사고가 난 후 일주일이 지난 뒤였다. 사고 직후에 곧바로 응급실에 실려 가 대수술을 받았지만, 당시 의사의 진단은 회생 불가능이 75%에, 만약 25%의 확률로 혹시 살아난다고 해도 장애인이 될 수밖에 없다는 것이었다.

걸어 다니는 **진흙 덩어리**

아이들을 재우려고 잠자리에 들었던 아내가 소식을 듣고 급히 병원에 찾아왔을 때 나는 이미 시체처럼 누워 있었고, 대사관 직원들과 주위 사람들은 나를 화장시켜야 할 것인지, 아니면 시신을 한국으로 운송할 것인지를 놓고 의논하고 있었다고 한다.

산소 호흡기로 간신히 호흡을 연명하고 있던 나를 보고 아내는 무슨 생각을 했을까? 거의 회생 불가능하고 그나마 살아도 불구자라는 의사의 말을 듣고 아내는 과연 무슨 생각을 했을까? 비록 나는 하나님 앞에서 총에 맞을 만한 영적인 병에 들어 있었다고 할지라도, 내 아내와 두 딸은 아니지 않은가? 그래서 하나님은 아내와 두 딸을 불쌍히 보시고 나를 살려주셨던 것 같다.

기적으로 다시 태어나다

그 사건은 분명히 하나의 기적이었다. 그때의 부상으로 나는 지금도 왼쪽 눈이 잘 보이지 않는다. 그리고 총상으로 배꼽이 훼손되는 바람에 지금도 배꼽이 없다. 창자도 무려 1.5m나 잘라냈으니 나는 '속이 좀 모자란 사람'이 된 셈이다.

일주일 동안 코마 상태에 있다가 병원에서 의식이 돌아왔을 때 나는 다시 태어나고 있었다.

"한 발의 총에 무너져 내릴 인간이 무엇이 잘났다고 그처럼 교만에 싸여 있었을까?"

그때부터 나는 두 달 가까이 병상에서 눈물로 회개의 시간을 보냈다. 그리고 그 후 나의 인생관과 세계관은 급속히 전환되었다.

"하나님, 다시 살려주시면 일평생 다른 사람들을 섬기며 겸손하게 살겠습니다."

이것은 곧 나의 결심이었고 하나님과의 약속이었다. 이 사건은 내 인생에서 두 번째 맞이하는 변혁의 계기가 되었다. 첫 번째 전환기는 하나님의 음성을 듣고 목사가 되겠다고 결심했던 때로 고등학교 2학년을 중퇴하고 방황하던 시절이었다.

이 두 번째로 맞이한 변혁의 계기를 통해 나는 스스로 생각하기에도 너무나 변해 가고 있었다. 하나님 외에는 아무런 삶의 의미가 없었고 재미있는 일도 없었다. 매를 맞고 회개한 나의 마음은 무척 가벼운 상태에 있었다.

그러나 나의 건강 상태는 도저히 연구를 다시 시작할 수 없는 지경에 놓여 있었다. 병원에서 퇴원할 때쯤에는 몸무게가 20kg이나 줄었고, 혼자서는 제대로 걷지도 못할 정도로 심한 현기증을 느꼈다.

아내 역시 정신적으로나 정서적으로 공포에 시달리고 있었다. 이런 상황에서 나를 부목사로 청빙해준 동광교회에서는 내게 가족

들을 데리고 빨리 귀국할 것을 종용했다. 그런 와중에 우리 네 식구
는 쓰다가 만 논문 자료 보따리를 꾸려놓고 아침저녁으로 가정예배
를 드렸다.

"하나님, 여기까지 왔는데 이렇게 돌아가야 합니까?"

"의학적으로는 죽거나 아니면 불구자가 될 것이라고 했는데, 하
나님의 은혜로 이렇게 다시 태어나지 않았습니까!"

우리 부부는 무릎을 꿇고 날마다 기도하며 하나님의 뜻을 기다
리고 있었다. 그러던 중에 하나님의 뜻이 우리의 귀국이 아니란 것
을 알게 되었다. 우리는 시골의 조그만 마을로 이사를 했고, 그곳에
서 비틀거리며 1년 동안 학위논문을 완성했다.

지도교수가 나의 열성에 놀라 눈물을 흘릴 정도로 나는 최선을
다해 마지막 연구에 몰두했다.

빚진 자의 마음으로

사고 후 꼭 1년째인 1992년 6월 5일, 20년 가까운 신학연구과정
을 마치는 박사학위를 받게 되었다. 사실 그것 자체는 내게 그리 대
단한 것이 아니었다. 하지만 나를 향한 하나님의 간섭과 다스림은
대단하고 놀라운 것이었다. 그렇게 나는 다시 태어났고, 그런 까닭

에 나의 발걸음은 무척 가벼웠다.

나의 바람은 훗날, 아니 조금 후에 올지 모르는 내 삶의 마지막 순간을 생각하면서 이 세상에서의 삶이 하나님 앞에 부끄럽지 않도록 살고 싶은 것이었다.

나중에 알게 된 사실이지만 내게 총을 쏜 사람은 마피아 조직원이었고, 내가 자신을 뒤쫓아 오는 줄 착각했다는 것이었다. 자신이 쫓기고 있다고 착각하던 중에 '동양인은 무술을 잘한다'는 어처구니없는 오해까지 겹쳐 일어난 사고였던 것이다. 이 사건은 수년이 지난 후에야 프랑스 정부로부터 3천만 원의 보상금을 받는 것으로 마무리되었고, 나는 그 보상금 전액을 교회 청소년과 청년들을 위한 장학금으로 내놓았다.

프랑스에서의 파란만장한 연구 생활을 마치고 귀국한 나는 세 식구와 서적 외엔 아무것도 가진 게 없었다. 이런 나의 처지를 가장 많이 이해하고 반갑게 맞아주신 분이 바로 지금 동광교회의 원로목사이신 남정규 목사님이셨다.

남 목사님은 내가 호남신학대학 교수로 부임해 가기 전까지 6개월여 동안 동광교회에서 부목사로 사역하도록 배려해 주셨고 사택과 살림을 마련해 주셨다. 얼마나 고마웠는지 지금도 그 은혜를 잊을 수가 없다. 남 목사님을 뵐 때마다 나는 꼭 아버지 같은 느낌을 받았다.

내가 잊어서는 안 될 고마운 분들은 또 있다. 프랑스에서 돌아왔을 당시 여전히 내 몸은 허약한 상태였고 수시로 식은땀이 많이 날 정도로 회복이 더뎠다. 그런 나에게 당시 동광교회 김휴섭 장로님 내외분은 연일 시골 마을들을 찾아다니며 개를 사서 몸보신을 할 수 있도록 해주셨다. 나는 지금까지도 많은 분에게 큰 빚을 지고 살아가고 있음을 고백한다.

"무엇으로 보답할 길이 있을까?"

그때로부터 30년이 흐른 지금, 하나님께서 허락하신 목양지 서림교회에서 마지막까지 주님이 주신 목회 사역의 소명을 잘 감당하고 마무리하는 것만이 내가 빚진 그분들에 대한 보답이라고 생각한다.

신학자에서
목회자로

1993년 3월, 신학 연구를 마치고 모교인 호남신학대학교 교수로 부임하여 후배들을 가르치게 되었다. 그러니까 1973년 3월, 본 대학의 신입생으로 입학한 후 무려 20년의 세월이 흐른 셈이다.

양림동산에서 모교의 교수가 되어

교수로 부임하여 양림동산에 오르던 그날, 시골에서 막 올라와 기숙사에 머물며 배고픔을 참아가며 공부하던 시절이 생각났다. '고삐 풀린 벽촌의 망아지와 같던 내가 긴 시간 인고의 나날을 지내면서 그리워하던 강단이 아닌가?'

걸어 다니는 **진흙 덩어리**

첫 강의 때는 설렘과 흥분을 감출 수가 없었다. 그날 나는 나의 삶과 체험을 기초로 한 강의를 통해 학생들을 만났다. 나는 학자와 교수이기 전에 너무나도 연약하고 깨어지기 쉬운 '질그릇 인생'임을 고백하며 강의했다. "우리는 만들어진 존재가 아니라 끊임없이 만들어져가는 존재"임을 노래하다시피 강조하며 말했다. 당시 나는 학생들을 향해 먹고 사는 문제로 신학교에 입학했으면 더 늦기 전에 빨리 그만두고 나가라고까지 했다.

내가 연구하여 작성한 논문은 「유럽 개신교의 경건사 연구」로 신학도들의 경건한 삶과 영성 생활에 적용되는 강의였다. 죽음 너머의 삶과 하나님 나라에 대한 간증이 함께하는 강의는 엇갈린 반응으로 나타났다. 한편으로는 '한 번도 들어보지 못한 살아있는 강의'라는 호평이 있었지만, 다른 한편으로는 '총을 맞았다더니 이상해진 것 아니냐'는 식의 비판도 있었다.

그러나 나는 누가 뭐라고 하든지 나의 길을 갔을 뿐이고, 하나님 앞에서 신실함을 지키려 했을 뿐이다. 하지만 학교의 토양과 분위기는 나를 거부했고, 이 때문에 적응하는 데 있어 상당히 힘겨웠던 것이 사실이다. 이런 상황은 나의 가슴을 멍들게 했고, 마음 한구석에 엄청난 좌절을 안겨 주었다. 좌절감에 빠져 출렁거리는 영혼을 부둥켜안고 내부 강의보다 외부 강의에 더 열정을 쏟았던 시절이었다.

박사학위 취득 축하 및 논문 발표회

전국을 순회하며 했던 '경건 신학' 강의는 교계에 작은 파장을 불러일으켰고, 한국 교회 안에 경건 운동의 새로운 물결을 일으키는 준비 작업이라는 일종의 사명감을 갖게 되었다.

목회의 현장으로

하나님은 내 안의 이런 깊은 내면의 소원과 기도를 들으시고 나를 목회 현장으로 이끌어 주셨다. 1995년 봄, 처음으로 서림교회의 청빙(담임목사)을 받게 되었고, 서울과 광주의 몇몇 교회로부터 계속해서 청빙 요청을 받았다.

당시에 나는 참으로 오묘하신 하나님의 손길 앞에 두 손을 들 수밖에 없었다. 사실 아무런 경험도 없이 담임 목회를 시작한다는 것은 너무 큰 모험이었기 때문이다. 그러나 하나님의 부르심이라고 확신했기에 1995년 5월 25일, 처음 청빙 요청을 받았던 서림교회에 부임하게 되었다.

그때는 모든 것이 생소했다. 매일매일 긴장되고 숨 가쁜 나날이었다. 연세 드신 교우들 앞에 서면 떨리고 어색하여 몸 둘 바를 몰랐다. 첫 몇 개월 동안은 잠을 설치며 새벽기도회를 인도하다가 거의 탈진상태에 이르기도 했다. 그런 중에서도 서림교회 당회와 교우들은 현명하고 지혜롭게 나를 도와주셨다.

서림교회에 부임한 후 첫해 겨울, 나는 지친 몸을 이끌고 '한적한 곳'에 나아가 결사적으로 기도에 전념했다. 하나님께서 부르신 목회의 현장이라면 내게서 피곤함과 부담감을 제하여 달라고 간구했다. 그때 나는 내 영혼에 들려오는 소리를 들었다.

"이 교회는 하나님의 교회다. 네가 목회하려 하지 말고 모든 것을 하나님께 맡겨라" 하는 것이었다. 그 이후부터 내 영혼에는 주님이 부어주시는 평강이 찾아왔다.

위임식

또 다른 위기

　서림교회는 내 생의 첫 목회지이자 내 삶의 황금기라 할 수 있는 40대의 열정을 불태웠던 현장이기도 하다. 이 서림교회에 부임한 지 9년이 지난 2003년 10월 말, 가을을 보내면서 나는 심한 영적 몸살을 앓게 되었다. 50세라는 나이와 함께 지나온 세월의 무게를 느끼면서 "이렇게 목회해도 되나?" 하는 회의와 더불어 나 자신의 한계를 철저히 경험하게 되었다. 목회를 시작할 때는 경험도 없고 모르는 게 많아서 떨었지만, 이제는 목회를 알게 되면서 용감해진 나를 보며 느끼는 찔림과 떨림이었다.

　걸어 다니는 **진흙 덩어리**

그 당시 나는 어느 사이엔가 중후해진 나 자신의 모습에 만족하기보다는 위기감에 싸여 있었다. 목회의 본질과 방향을 새롭게 모색하기 위한 자기 진단이 절대적으로 필요했던 시점이었다. 그럼에도 불구하고 숨가쁘게 돌아가는 목회 현장은 목회자의 안식이나 재충전의 기회를 제공해 주지 않기에 날마다 주어진 틀에 매이거나 끌려가고 있었다.

집중력은 갈수록 떨어졌고, 이른바 목회 매너리즘에 빠져가는 자신을 바라보며 몸과 마음이 점점 더 지쳐 가기 시작했다. 예전에 비해 영적 예민함이 사라졌고, 너무나 많이 손상되고 망가져 버린 자아를 붙들고 나만의 영적 가슴앓이를 하고 있었다.

그동안 나는 남들, 특히 교인들이 나를 어떻게 바라볼까에 더 민감한 나머지 하나님께서 나를 어떻게 보고 계실까에 대해서는 그다지 심각하게 생각하지 않았다. 사람들에게 보여지는 나, 즉 나 자신의 외적인 모습에는 충실했지만, 하나님께서 바라보시는 나, 즉 나의 내면을 세심하게 돌보는 일은 뒷전이었다.

남들은 대부분 나를 부드럽고 인자한 사람으로 느꼈고, 나는 그 모습을 유지하기 위해 몸부림치다 보니 때로는 연극 아닌 연극을 해야 할 때도 있었다. 언제나 내게 박수를 보내는 사람들의 말과 생각에 귀를 기울이기 좋아했고, 혼란스러워하는 내면의 소리는 애써 외면해 왔던 것이다.

나는 알고 있었다. 나 자신이 얼마나 형편없고 무능한 존재인지를 잘 알고 있었다. 내게 주어진 지금의 모든 것은 너무 과분했다. 오늘 나의 나 된 것은 절대로 나의 것이 아님도 잘 알고 있었다. 하나님의 긍휼하심이 없었다면, 그분의 얼굴빛이 나를 비추지 않으셨다면 어떻게 지금의 나를 기대할 수 있겠는가?

이런 문제에 휩싸여 있는 자아, 나의 내면세계를 방치한 채 성도들 앞에 선다는 것이 얼마나 우스꽝스러운 일인지에 대해 회의하고 고뇌하게 되었다. 성도들이 보고 있는 나는 진정한 내가 아니었다.

이제는 바로 서야 했다. 나의 모습 이대로, 하나님이 보고 계시는 나 자신을 찾아야 한다는 위기 속에서 사역해야 한다는 절박감을 느꼈다. 2003년 10월 29일, 내 일기장에는 이런 글이 쓰여 있다.

"무너져 가는 성전(자기)을 재건하는 50대가 되어야 한다. 먼저 주변 정리를 서둘러야 하겠다. 나를 혼미케 하는 사람들은 무조건 피해야 하고 나를 칭찬하고 비난하는 소리에 민감하지 말자. 특히, 영적 깊이가 얕은 목사들, 상흔을 남기는 사람들, 그리고 내 영혼을 무너지게 하는 이웃은 절대로 피해야 한다. 좀 쉬어야 하겠다. 지금 나에겐 쉼이 필요하다. …"

망가진 육신,
회복의 은혜

2003년 12월 19일은 내게 결코 잊을 수 없는 날이다.

갑자기 소변에 피가 섞여 나오는 것을 보니 앞이 캄캄해졌다. 교역자 수련회를 인도하다가 중단하고 광주기독병원에 입원하여 정밀 검진에 들어갔다. 정밀 검진 결과는 참담할 정도로 모든 부분이 망가져 버린 내 육신의 모습을 보여주고 있었다.

간 기능이 거의 상실되어 버린 상태에서 건강한 척하고 열심히 살아온 것이었다. 무너지는 것은 이처럼 한순간이다. 하지만 그것을 다시 회복한다는 것은 정말 어려운 일이다.

간이 망가지다

서울 삼성의료원에 입원 절차를 밟으면서 병원에서 '치료 불가능'이라는 통지를 받고 절망했다. 얼마나 후회했는지 모른다. "건강은 건강할 때 잘 지켰어야 하는데 … 있을 때 잘해야 하는데 …" 그러나 후회한들 무슨 소용이 있으랴.

병원에 입원해 치료받으면서 10여 일이 지났다. 연말연시에 성탄절을 비롯해 송구영신예배와 신년예배 등 교회적으로 가장 분주한 시기에 크고 작은 교회 업무에 전혀 손을 대지 못하니 그 괴로움은 말로 다 표현할 수가 없었다. 너무나 놀란 수천 명의 교우들은 목자 없이 송구영신예배를 드리면서 하나님께 매달려 간절히 기도했다고 한다.

교회 강단에 서지 못할 만큼 몸이 망가져 본 목사만이 그때의 심정을 이해할 수 있을 것이다. 그것은 한 마디로 '암흑'이었다. 인간의 한계 상황, 곧 죽음의 골짜기였다. 수개월 전부터 하나님의 신호가 계속되었건만, 그 신호를 무시해 버린 결과였다.

나는 빛을 잃었다. 하나님과의 관계에서 소홀해지더니 영혼의 빛이 희미해지고, 육체까지 파괴되고 만 것이다. 나의 의지, 즉 신앙의 힘이 꺼져가다 보니 이리저리 끌려다니다가 결국 덜컥 입원을 해야 하는 상태까지 오고 만 것이다.

　목회자로서 자신의 내면은 돌보지 않으면서 무엇을 하겠다고 살
아왔는지, 너무도 부끄럽고 송구스러워 견딜 수가 없었다. 그 무렵
에 기록한 병상 일기는 그런 나의 상태와 마음이 생생하게 표현되어
있다.

2004년 1월 1일 0시

하나님과 친밀한 아들이 되지 못한 결과임을 나는 잘 압니다. 몸만
아버지와 함께 있는 척했지, 나의 마음은 아버지를 떠나있었나 봅
니다.

이 고통, 이 어두움이 아무리 힘들어도 더러운 나의 피를 수혈하는
마음으로 새해를 맞이합니다. 너무 괴로운 병원생활…, 얼마나 계
속될지 몰라도 하나님께서 치유해 주실 때까지 인내하며 내 인생
을 재점검하고 정리하려 합니다 ….

2004년 1월 3일 새벽 0시 30분

이것이 병상인가 보다.

더 이상 견딜 수 없다. 울렁거리는 내장과 사라진 입맛, 음식만 생
각해도 구토증이 생긴다. 간 수치가 2,000이 넘었다니 인간이 이

렇게도 망가질 수 있단 말인가! 계속되는 과로와 엄청난 스트레스에 견디다 못해 마비된 간, 나의 간에게 미안하다. 불쌍한 나의 간, 정말 안쓰럽다 ···.

2004년 1월 4일(주일)

입원한 지 18일이 흐르는 주일이다. 계속해서 이렇게 지내야 하나? 황달의 수치는 계속해서 치솟고 있다. 간의 수치도 내려오기는커녕 더 올라간다. 2,500의 수치는 상상하기 어려울 정도란다. 의사들이 놀라기까지 한다.

어떻게 하면 좋지? 나의 삶이 이렇게 끝이 날 모양이다. 아니다. 또 다른 하나님의 계획이 있겠지! 아직 덜된 나 때문이다. 문제가 많은 나, 이 죄인 속에 흐르는 독극물을 다 빼내시고 나의 교만을 모두 꺾으시려는 하나님의 계획이 있으실 것이다.

이제 알았다. 아름다움과 더러움은 의복에 있는 것이 아니다. 내마음, 내 영혼의 상태가 어떠한가에 따라 즐거울 수도 있고 슬플수도 있으며 아름다움과 추함이 결정되는가 보다. 그러므로 이 병상에서 마음가짐(영혼가짐)을 달리해야 한다.

더 가난한 영혼, 빈털터리 영혼, 단순하고 깨끗한 영혼으로 거듭나야 한다. 죽어도 좋다. 주님이 부르시면 가는 것이다. 웃으며 가야

걸어 다니는 **진흙 덩어리**

한다.

그러나 병원에서 이렇게 초라하게 죽는 것은 너무 부끄러운 일이다. 하나님이 주신 나의 삶이 아니다. 하나님은 한 번의 기회를 꼭 주실 것이다. 간증하며 떠나도록 기회를 주시리라고 확신한다.

병상에서 느낀 은혜와 사랑

계속되는 병상 생활 속에서 나는 어두운 터널 끝의 희미한 빛을 보기 시작했다. 어느 것 하나라도 남김없이 포기하고 버리라는 하나님의 손길을 경험하게 된 것이다. 특히 건강했던 나의 육체까지도 의지하지 말라는 하나님의 신호를 병상에서 깨달아 갔다.

이 몸이 어찌 내 몸인가? 하나님은 전부를 원하실 뿐 일부를 원치 않으시는 분이시다. 전부 아니면 제로(zero)이다. 전부 드리지 않으면 아무것도 아니다. 모두 드리라는 하나님의 손길을 깨우치며 살아야 할 이유와 소생의 힘을 얻기 시작했다.

병상 생활이 한 달 너머 이어지면서 또 다른 하나님의 은혜를 발견한 것이다. 나는 극심한 고통 저 너머로 다가오시는 하나님의 따뜻한 위로와 사랑의 손길을 느끼게 되었다.

날마다 계속되는 인간의 한계와 그 너머로 임하게 되는 하나님의 현존. 그것은 엄청난 은혜였다. 사랑을 알게 되니 회개하게 되고, 은혜를 깨우치고 보니 항복하게 되는 하나님의 비밀 보따리가 풀어지고 있었다.

그렇다. 한 가지 사실만은 분명하다. 하나님의 도움이 없이는 절대로 회개할 수 없고, 하나님이 도와주셔야 하나님께로 돌아올 수 있다는 것이다. 이것을 알게 된 것이다. 도둑질하지 않아도, 간음하지 않아도, 하나님과 친밀한 관계가 결핍되면 그것이 큰 죄악임을 깨닫고 회개했다.

하나님과의 관계에서 멀어져 간 죄악의 결과는 허무요, 망가짐이요, 폐허임을 발견하면서 황폐해진 내 영혼을 붙들고 몸부림치기 시작했다.

2004년 1월 23일은 퇴원하여 요양을 떠난 날이다. 더 이상 병원에서 다룰 수 없는 몸이 되어 나는 헐떡거리는 심신을 붙들고 제주도 남단 서귀포 근교에 여정을 풀었다. 그날 나는 사랑하는 교우들에게 편지를 썼다.

서림가족 여러분!
많이 보고 싶습니다. 저의 아픔 중 가장 큰 아픔은 강단에 서지 못한다는 것입니다. 주일마다 강단 없이 병상을 지켜야 하는 저는 온 세상을 방황하는 기분입니다. 여러분은 저 없이도 견뎌 낼 수 있을지 몰라도 저는 여러분 없이는 살 수 없음을 이제야 알았습니다.

사람이란 꼭 가고 싶은 곳만 가는 것이 아닌가 봅니다. 가고 싶지 않아도 저처럼 지치고 병들면 병상의 길, 요양의 길을 떠나야 하나 봅니다. 이제 퇴원하여 요양의 현장에서 더 만들어지고 다듬어진 모습으로 여러분 앞에 서게 되는 날을 기다려 봅니다.

하나님이 보시기에 무엇인가 부족했나 봅니다. 새롭게 빚으셔서 채워주실 하나님의 비밀스러운 은총을 기다리며 더 많이 깨어지고 포기하고 새 마음으로 돌아가겠습니다. 주님이 가라 하시면 어디든지 가야 합니다.

아프고 쓰라려도 마다하지 않고 가야 합니다. 요양의 장소에서 아주 쓰러지지 않고 어둠의 계곡을 지나 꼭 이기고 돌아가겠습니다.

제 건강의 회복 못지않게 느슨해진 심령을 회복하기 소원합니다.

정말 이 한적한 곳에서 저만의 골방과 홀로 지내야 하는 광야를 통과하여 잘 빚어진 도구로 여러분 앞에 서기를 기대합니다. 좋은 교회는 지도자가 부재했을 때 더 힘을 낸다고 합니다. 여러분이 곧 좋은 교회입니다.

사랑하는 성도 여러분!

저는 이번의 병상 생활을 통해서 여러분이 얼마나 저를 사랑하고 아끼는지도 알게 되었습니다. 정말 고맙고, 사랑합니다. 지나간 날들보다 앞으로가 더 소중합니다. 천의 하나라도 저 때문에 약해지거나 시험에 드는 일이 없기를 바랍니다.

저는 목사이기 이전에 이렇게 병들 수 있는 연약한 인생임을 고백합니다. 이러한 질그릇 인생임을 가슴에 새기고 주님만 의지하며 목회하렵니다. 춘삼월 봄이 오기 전에 영적 장막터를 넓힌 후 강단에 서기를 소원합니다.

제가 건강이 회복되어야 할 이유, 그리고 쓰러져도 또 일어서야 할 이유는 바로 여러분이 있기 때문입니다. 이전처럼 흔들리지 말고 주의 일에 더욱 힘써 주시기 바랍니다. 하나님의 상이 클 것입니다. 좋으신 하나님께서 저와 여러분의 기도를 받아 주실 것입니다.

한적한 곳을 찾아서

나는 제주도에서 3개월 정도 요양생활을 하면서 내 인생의 중요한 징검다리를 다시 한번 건너게 되었다. 그것은 철저한 자기 점검의 다리였다. 이를 통해 나 자신의 내면이 한층 더 성숙해지는 계기가 된 것이다. 회중 앞에 서기 전에 하나님 앞에 서야 함을 알게 되었다. 의미 없는 인간의 껍질을 벗겨내고, 있는 모습 이대로 살아가

자고 다짐했다.

하나님은 군더더기를 싫어하시는 분이시기 때문이다. 검불 인생은 언젠가 하나님이 훅 불어버리면 날아가 버릴 것이다. 의미 없는 명예와 자랑, 남에게 보이기 위한 그 어떤 것도 하나님 앞에는 아무것도 아님을 고백했다. 2004년 2월 17일, 요양 생활 한 달을 보낸 후 나는 교우들에게 두 번째 편지를 썼다.

사랑하는 서림가족 여러분!!
기도하며 기다리시는 여러분의 애절한 마음을 잘 알고 있기에 저의 요즈음 마음이 많이 긴장되고 설레고 있습니다. 이제 봄을 알리는 3월이 다가오고 있습니다. 저의 몸도 많이 가벼워지고 회복되었습니다. 그리고 제 영혼의 건강도 찾게 되었습니다.
목회의 현장인 숲을 빠져나와 숲을 보게 되었던 참으로 좋은 기회였습니다. 바쁘게 살고 사역했던 저의 자화상도 발견하게 되었고 점검과 재충전의 시간을 보냈습니다. 지난 몇 개월의 명상과 요양의 삶은 저에게 빛이 교차 되는 기간이었습니다.
2-3주 후에 여러분 곁으로 갈 수 있을 것 같습니다. 담당의사는 만류하지만 빨리 가고 싶습니다. 늦어도 부활주일에는 강단에 설 수 있으리라 확신합니다. 그러나 너무 서두르지는 않겠습니다. 불타

는 저의 마음을 늘 추스르고 달래고 있습니다.

성도 여러분! 기다려 주시니 고맙습니다. 저의 오늘의 존재 이유는 기다려 주시는 여러분에게 있음을 알았습니다. 마치 임종을 앞둔 어머니가 아들을 보기 전까지는 눈을 감지 못하듯이, 바로 이러한 어머니의 심정을 우리 하나님이 받아 주셔서 이렇게 회복시켜 주셨나 봅니다.

여러분의 기다림과 기대가 공허하지 않도록 체력뿐만 아니라 영력을 얻어 돌아가겠습니다. 저 없이도 교회가 든든히 서가고 부흥한다는 소식을 접하며 우리 하나님께 얼마나 감사드렸는지 모릅니다. 여러분을 많이 사랑합니다. 이것은 하나님이 더 잘 아실 것입니다.

빛과 어둠, 그리고 그림자

나는 긴 아픔과 어둠을 통과하며 하나님의 숨겨진 보화를 만나게 되었다. 새롭게 문을 열어 보여주시는 하나님의 숨결이 다가온 것이다. 나는 이 예민해지고 다듬어지는 영성을 붙들고 날마다 성경 탐구와 묵상에 전념하기 시작했다.

빛 되신 하나님 앞에서 나 자신의 어두움과 질고, 죄악은 사라졌

걸어 다니는 **진흙 덩어리**

지만, 그분을 향해 나아갈수록 내가 가진 그림자, 즉 나의 엉성함과 무능함, 그리고 죄악의 흔적은 더 크고 대단하게 다가왔다.

그러나 이 그림자 문제를 끊임없이 다루는 과정에서 나의 삶은 다시 환해지기 시작했다. 그 과정은 바로 하나님의 처방이었고 치유였다. 나는 4월 부활주일에 광주로 돌아와 강단에 서서 배고픈 아기에게 젖을 먹이듯 영감 있는 설교를 했다.

설교 후 많은 교우가 너무 좋아하면서 내 손을 붙들고 다시는 아프지 말라고 부탁했다. 이렇게 나는 또 한 번의 죽음의 골짜기를 통과했다.

뇌출혈,
세 번째 쓰러짐

그 당시 나는 암 말기 환자였던 안산제일교회 고훈 목사님과 제주도 펜션을 빌려 함께 죽음을 준비했다. 고 훈 목사님과는 호남신학대학교에 다닐 때 3년간 기숙사 생활을 함께한 사이였다. 고 목사님과 나는 식사를 마치고 난 후 갯바위에 앉아 함께 때로는 묵상하며 때로는 부르짖으며 기도했다.

교회를 세우겠습니다!

지금도 그때의 기억이 생생하다. 우리는 울부짖으며 이렇게 하나님께 기도했다.

걸어 다니는 **진흙 덩어리**

"하나님, 한 번만 살려주세요! 한 번만 살려주세요! 우리가 둘 다 회복되면 돌아가서 교회를 세우겠습니다!"

그런데 기적처럼 간 수치가 떨어지기 시작했다. 나는 기도하며 드린 서원을 지키기 위해 임동 예배당을 새로 짓기로 결심했다. 고훈 목사님은 회복되어 교회로 돌아가신 후 그때 기도했던 대로 지금의 본당을 지으셨다.

그러나 나는 현재 광산구의 부지를 매입하기 위해 부단히 애를 쓰다가 결국 여러 문제로 예배당을 지을 수 없다고 판단했다. 하지만 그것은 하나님께 드린 약속에 대한 포기였다. 그 결정을 내린 바로 그 주간 나는 다시 뇌출혈로 쓰러지고 말았다. 한 번만 살려주시면 교회 건축하겠다고 그렇게 간절히 기도했으면서도, 막힌다는 이유로 포기하자 또 쓰러지고 만 것이다.

성공한 목회자로 분주한 삶을 살면서도 깊은 영적 공허감이 스며들던 58세 어느 봄날, 하나님은 나에게 중풍이라는 선물을 주셨다. 이 병을 통해 질그릇과 같은 나의 육체는 토기장이신 하나님의 손에 또 한 번 맡겨져 새롭게 빚어졌고, 이는 나의 목회의 새로운 터닝포인트가 되었다.

하나님의 은혜로 서림교회는 그동안 많이 부흥했다. 7천여 명으로 늘어난 성도들로 인해 주일마다 예배당은 인산인해였다. 교회는 활발히 활동하고 예배드릴 수 있는 새로운 장을 향해 달려가고 있었다. 전국의 청년부와 교회학교가 정체되고 쇠퇴하던 그 시기에 주일마다 6, 7백여 명의 청년들이 모여 예배를 드리고, 4-5백여 명의 아동들과 3백여 명의 중고등부 학생들이 모이는 서림교회는 한마디로 미래가 보이는 교회였다.

그래서 나는 오래전부터 새 교회당을 마련하기 위해 기도하며 준비하고 있었다. 하지만 장로교회의 특성상 담임목사의 열정만으로는 교회가 움직여지지 않음을 통감해야 했다. 2010년 말, 나는 목회 패러다임을 재조정할 때가 왔음을 인식하게 되었다.

나는 교회 확장과 관련된 모든 전권을 당회원들에게 일임하고 목회 본연의 임무만 수행하기로 했다. 기도와 말씀 연구와 깊은 영성의 추구는 나의 몫이고, 장로님들이 교회 재정감독 및 모든 정책을 수행해야 한다고 판단했기 때문이다.

기가 막힌 수렁 속에서

성전 건축에 대한 성도들의 열망과 기대는 열화와 같았지만, 그 기대에 아무런 대안도 마련하지 못한 채 탁상공론으로만 끝나고 만 것을 나는 깊이 반성하지 않을 수 없었다. 그리고 그 모든 것이 나

걸어 다니는 **진흙 덩어리**

자신의 목회 리더십 부재에서 온 결과임을 인정했다.

간이 망가져 두 번째 쓰러졌을 때, 고 훈 목사님과 "한 번만 살려 주시면 교회를 건축하겠다"고 함께 기도했으면서도 여러 가지 상황으로 인해 길이 막힌다는 핑계로 그 일을 포기하자 또다시 쓰러지고 만 것이다. 그날이 2011년 3월 17일이었다.

병원에서 수술을 받고 깨어났는데 말을 할 수가 없었다. 바로 좌뇌가 파괴되어 중풍이 온 것이다. 정말 기가 막혔다. 나는 눈만 뜨면 울었다. 팔이 마비되어 감각이 없으니 내 팔이 어디에 있는지도 찾을 수가 없었다. 의료진들은 혹시 치료되더라도 후유증으로 인해 혼자서는 일상생활이 불가능할 뿐 아니라, 언어장애로 인해 말을 할 수도 없을 것이라는 진단을 내렸다. 나는 하늘이 무너져 내리는 것

세 번의 쓰러짐 이후

같았다.

이런 진단에도 불구하고 우리 서림교회 당회에서는 내가 완전히 낫고 회복될 때까지 치료를 계속할 수 있도록 배려해 주었다. 그래서 처음부터 다시 시작하는 마음으로 이를 악물고 재활치료를 시작했다. 그 결과 조금씩 걸을 수 있게 되었고, 어눌했던 언어 기능도 조금씩 풀리기 시작했다.

억지로라도 감사해

그렇게 조금씩 조금씩 회복되어 가는 중에 이번에는 공황장애와 우울증이 찾아왔다. 성도들 앞에 서는 것이 너무 두렵고 떨렸으며, 자신이 없어지고 약에 의존하지 않고는 잠시도 견딜 수가 없었다. 그때 나를 간호하던 아내가 내게 시편을 한번 읽어 보라고 권했다.

"여보, 억지로라도 감사해."

아내는 내게 노트를 건네면서 왼손으로 감사의 이유를 백 가지만 써보라고 했다. 이 상황에서 무슨 감사할 것이 있겠는가? 나는 아무리 생각해도 감사할 것이 없었다. 아내를 향해서 고개를 절레절레 흔들었다. 아내가 내게 말했다.

"여보, 내가 옆에 있는데 감사 안 해?"

지금도 나는 그 노트를 소중하게 간직하고 있다. 초등학생 글씨처럼 왼손으로 서툴게 천천히 써 내려간 첫 문장,

"일용할 양식을 주셔서 감사합니다."

"아내가 있어 감사합니다."

"두 딸을 주셔서 감사합니다."

….

….

생각해 보니 감사할 것이 무척 많았다. 교인들은 나를 위해 밤낮으로 기도했다. 그리고 청년들도 200명씩 모여서 나를 위해 기도했다. 그들은 "목사님이 일어나야 한다. 그래야 우리가 확신 속에 살아갈 수 있다"며 간절히 기도하고 또 기도했다. 나는 100가지 감사를 쓰고 난 후 화장실에 앉아있다가 울며 기도했다.

"하나님, 나중에 축도할 때 어떻게 왼손으로 하겠습니까. 오른손도 같이 들고 축도하게 해주십시오!"

그때 갑자기 두 손이 올라가기 시작했다. 그리고 말이 터져 나왔다. 나는 아내와 함께 '아에이오우' 발음 연습부터 시작했다. 담당 의사는 이런 일은 의학적으로는 있을 수 없다면서 기적이 일어났다고 학계에 보고까지 하며 기뻐했다.

무력한 목자의
편지

뇌출혈로 쓰러진 2011년에 나는 다섯 번의 목회서신으로 성도들과 만났다. 아무것도 할 수 없던 내가 유일하게 할 수 있었던 일은 편지를 쓰는 것이었다. 여기에 당시 성도들과 나누었던 목회서신들을 소개한다.

첫 번째 목회서신

사랑하는 서림가족 여러분!

새해를 열며 저의 간절한 마음과 기도 속에 녹아진 내용을 담아 요약해서 드리는 글입니다. 새해(new year)란 말 그대로 새로운 삶이 피어나는 해입니다. 새로운 영역으로 들어선 것입니다. 과거는 아무것도 바꿀 수 없습니다. 사람은 새로운 길을 가야 새로운 빛을 발하게 되어 있습니다.

우리 인간의 삶은 죽음과 부활이라는 끊임없는 연습을 반복하며 영원한 부활을 품게 되는 것입니다. 새로운 것이 탄생하려면 이전의 것을 손에서 놓아야 합니다.

새해에 여러분의 삶 속에 새로움이 피어나려면 낡은 삶은 완전히 죽어야 한다는 것입니다. 새해엔 우리 속에 잠자고 있던 하나님이 주신 멋들어진 삶이 깨어나기를 소망합니다.

저는 여러분 한 분 한 분을 주님의 심정으로 사랑하며 천하와도 바꿀 수 없는, 세상에서 하나밖에 없는 소중한 분들로 여기고 있습니다. 새해를 맞이하며 여러분 한 사람 한 사람을 주님의 이름으로 축복하며 오직 여러분이 행복하기만을 기대합니다.

우리는 지나온 날들에 대하여 연연해하는 자들이 아닙니다. 앞으로 살아갈, 남아 있는 삶을 바라보며 즐거워하는 자들입니다.

그래서 우리 서림교회는 〈미래를 이끄는 교회〉이며, 미래를 내다보며 준비하는 예언자적 교회를 향해 나아갑니다. 2011년은 미래의 주역인 우리의 자녀들을 품고 〈다음 세대와 함께 가는 교회〉라는 표어로 나아가려고 합니다.

치열한 경쟁 사회 속에 내몰린 젊은이들이 갈 바를 알지 못하여 신음하고 있습니다. IT(인터넷) 문화와 기계문명의 끝자락에서 서성거리는 우리의 아동들과 청소년들이 방황하고 있습니다.

서림교회는 이러한 시대적 정황을 정확히 파악하고 감안하여 저들에게 갈 바를 가르쳐 주고 진정한 삶의 길잡이가 되어 주는 교회가 되어야 할 것입니다.

사랑하는 성도 여러분.

목회자로서 송구스럽고 부끄러운 것이 있습니다.

낡은 교회당과 열악한 교육관 및 협소한 주차 공간을 방치하며 여기까지 온 것이 그것입니다. 이것은 변명할 수 없는 저의 무능이며 리더십 부재에서 온 결과임을 시인합니다. 뼈저린 반성과 회개를 통과하며 이제라도 시작하렵니다.

해마다 청장년과 청소년, 아동을 포함하여 2천 명 이상 몰려오는 새가족을 담을 수 있는 공간을 마련하려고 합니다. 우리 당회원들도 저와 똑같은 인식을 하고 있기 때문에 더 이상의 지연은 없으리라 확신합니다.

서림가족 여러분!

우리는 모두 예수님의 구속의 피로 맺어진 한 가족, 한 공동체입니다. 〈장막터 확장〉의 지연을 우리 모두의 아픔으로 받아들이면서

걸어 다니는 **진흙 덩어리**

2011년을 기대하자는 것입니다. 이런 귀하고 복된 일을 전개하면서 하나님의 놀라운 일들이 교회와 교우들 가운데 발생할 것을 생각하니 가슴이 벅차오릅니다.

제가 감히 장담하고 약속할 수 있는 것이 하나 있습니다.

교회의 부흥과 장막터 확장은 곧 온 교우들의 부흥과 확장으로 직결된다는 신기한 복의 연관성입니다. 이것은 틀림없는 성서적 원리이며 하나님의 약속이기도 합니다.

2011년은 교회뿐 아니라 여러분 삶의 세계가 이전에 없던 최고의 부흥과 확장의 해가 되기를 소망합니다. 새해의 저의 관심은 오직 이것뿐입니다. 서림교회는 담임목사가 이끌어 가는 교회가 아니라 하나님을 생명처럼 사랑하는 교우들이 이끌어 가는 교회입니다.

부족하나마 최선을 다해 여러분을 섬기며 구원의 길(생명의 길)로 올곧게 안내하는 목사가 될 것을 다짐합니다. 여러분 삶의 자리와 가정에 하나님의 도우심이 함께 하기를 바랍니다.

2011년 새해에 송재식 목사 드림

두 번째 목회서신

6월 마지막 주일, 말씀을 들고 강단에 서지 못하는 목양자의 아픔을 아십니까?

성도 여러분!

이것이 무능한 인간의 한계 상황인가 봅니다. 지난 6개월간 인간의 한계 상황에서 만나주신 하나님, 이 하나님 때문에 강단에 서는 날을 손꼽아 기다리고 있습니다.

"나의 구원의 하나님이시여, 나를 버리지 마시고 떠나지 마소서"(시 27:9).

다윗의 기도를 가장 많이 올리고 응답받았던 세월이었습니다.

사랑하는 성도 여러분!

인간의 허망함을 추구하다가 싱겁게 마감하지 말아야 합니다. 인간 세계란 지나고 나면 대단한 것이 없습니다. 지난 6개월을 실속 있게 보내게 하신 하나님의 위대한 간섭이 남은 하반기에도 여러분의 삶 속에 있기를 바랍니다.

사랑하는 서림가족 여러분!

육체적 아픔보다 더 아픈 것이 있는데, 생각이 아프고 고뇌가 아플 때, "내 주여 뜻대로 하소서" 기도하게 됩니다. 담임목사가 하나님

걸어 다니는 **진흙 덩어리**

의 비밀을 붙들기 위해서, 두 번도 모자라 세 번째 죽음을 뛰어넘는 (사선) 위기에 있는데, 교회에 빠진다거나 신앙생활이 느슨해진다는 것은 담임목사에게 아픔을 더 안겨 주는 것입니다.

지금 저는 생각과 고뇌가 아픕니다. 그러나 하나님은 후회하지 않으시고 또 다른 문을 준비하십니다. 아픔 속에서 하나님을 더 가까이 만나게 됩니다. 이것이 제가 발견한 '아픔의 문'입니다.

다음 주일은 맥추감사절입니다. 과거 이스라엘을 특별히 뽑아서 특별히 다루시고 특별히 보호해주신 것처럼, 택하시고 뽑으신 자가 책임져 주실 것입니다.

성도 여러분!

장문의 글로 제 마음을 표현하고 싶지만 여기서 맺겠습니다. 맥추감사절 때, 못다 한 이야기를 가을 추수감사절 때, 할렐루야 찬송하며 인사하겠습니다.

"다음엔 강단에 서서 말씀 전하며 감사절을 지키게 하소서."

여러분, 많이 많이 사랑합니다.

2011년 맥추감사절을 맞으며, 송재식 목사

세 번째 목회서신

성도 여러분!

달력 여섯 장을 넘기며 보람 있는 손길, 가벼운 손길이길 바랍니다. 혹시 무거운 마음 때문에, 달력을 힘겹게 넘기고 있지는 않습니까?

오늘 맥추감사주일에 주님의 용서와 긍휼과 사랑의 손길이 임하길 바랍니다. 그 보듬어 주시는 예수님의 손길은, 십자가의 찢기신 손길입니다.

지난주에 드렸던 목회서신을 받으셨습니까? 거기에서 저는 아픔을 통해 열어주시는 '아픔의 문'에 대하여 간증했습니다. 아픔 속에서 하나님을 더 깊이 만나게 되었습니다.

어찌 저뿐이겠습니까?

말 못 할 가슴앓이를 간직한 채, "이제 하나님 차례입니다. 갈 길을 가르쳐 주십시오" 하며 하나님을 의지하는 분들이 있습니다. 한 번도 외면한 적 없으신 주님의 손길! 기다리시기 바랍니다.

서림가족 여러분!

감사함으로 하반기를 맞이했으면 좋겠습니다.

이스라엘 백성들이 자주 사용하던 감사라는 히브리어 '토다'는 '몰

걸어 다니는 **진흙 덩어리**

랐던 것을 아는 것'입니다. 감사란 매 순간 잊고 살던 것들이 갑자기 신비한 것으로 감지되면서 하나님의 간섭(터치)을 받게 되는 것입니다.

우리의 심장이 끊임없이 펌프질하고 있다는 사실을 새롭게 감지하면서 심장의 펌프질에 감사하게 됩니다. '있는 사실을 새롭게 인식했을 뿐'인데 …

우리가 숨 쉬고 있다는 것조차도 살아있는 신비의 감사가 아니겠습니까!

성도 여러분!

살아있음에 감사하시기 바랍니다. 벅찬 가슴으로 사시기 바랍니다. 하나님의 창조적 동반자가 되시기 바랍니다. 하나님은 지금 함께 일하실 하나님의 마음에 합한 자를 찾고 계십니다. 목양자인 저는 몸을 더 만들어 오겠습니다. 여러분 사랑합니다.

맥추감사절에, 담임목사 송재식

네 번째 목회서신

올여름은 너무 길고 너무 덥고 너무 비가 많았습니다. 이런 힘든 날들을 잘도 견디고 '말복'과 함께 여름의 고비를 지나셨습니다.

성도 여러분!

신앙생활에도 영적인 '초복, 중복, 말복'이 있는 듯합니다. 서림교회는 금년 여름을 잊지 못할 것입니다. 담임목사 없이도 잘 견디고 이런저런 시험의 빗줄기를 맞으며 여기까지 왔습니다. 그리고 견디내다 보니 '말복'이 지났습니다. 참으로 장하고 대단합니다.

말이 그렇지, 여러분의 목양자인 저는 그 무엇이 손에 잡혔겠습니까? 제가 매일 매일 사는 이유는 한 가지밖에 없습니다. "몸이 회복되는 대로 강단에 서리라."

이것 때문에 절망이 저를 지배하지 못하고, 부서지고 무너지는 삶 속에서도 (뇌출혈) 그 너머에, 영적 디딤돌이 있었습니다. 잘 견디기만 하면 또 다른 디딤돌이 생겨서 그리로 주님이 오시기도 하고 제가 피하기도 했습니다. 그래서 저도 성도 여러분들도 마지막까지 인내하셔야 합니다.

사랑하는 성도 여러분!

어느 누구도 쉽게 경험할 수 없는 하나님의 부성(아버지 어머니 마음)을 이제야 비로소 희미하게 붙들게 되었습니다. 저보다도 더 아파하시는 하나님은 지금도 저를 보시며 아파하십니다. 그래서 우리가 잘 살아야 합니다. 하나님의 부성을 아는 착한 성도들이 되

걸어 다니는 **진흙 덩어리**

어야 합니다. 한층 성숙한 서림의 식구들로 말입니다.

저는 3개월간의 장성의 요양 생활을 마치고 좀 멀리 떨어진 곳에서 가을을 맞이하려고 합니다. 그토록 기다렸던 금년의 가을은 항상 푸르고 솜털처럼 가벼운 구름만 피어오르기를 기대합니다. 무겁고 고단했던 여름의 긴긴 사연을 가을의 희망 속에 날려 보내렵니다.

말하지 말아야 할 것은 끝까지 말하지 마십시오. 가슴에 간직했다가 십자가 아래로 내려놓으십시오. 우리 주님은 이런 사람을 피 묻은 손으로 만져주십니다.

이것이 주님의 용서요 치유입니다. 이것이 주님의 터치, 하이터치입니다. 억장이 무너지는 목양자만의 사연, 아니 목양자만이 감내해야 하는 사연이 있답니다.

그러나 말하기 곤란한 사연을 가슴에 담지 아니하고 십자가 위에 모두 날려 보내고 가벼운 마음으로, 정말 가벼운 마음으로 오겠습니다.

서림교회는 예수님이신 반석 위에 세워진 교회입니다.

동시에 행복한 조건을 갖추고 있는 교회입니다. 행복의 중심 조건은 바로 여러분 모두입니다. 저는 행복해하는 성도들을 사랑합니다. 그 성도들을 위해 하루빨리 회복되어 돌아오겠습니다.

저를 위해 기도해 주십시오. 주님께 …

2011년 여름에, 여러분의 목양자 송재식 드림

다섯 번째 목회서신

10월, 기다리고 기다리던 가을입니다.

금년 가을이 왜 그렇게 반갑고 새로운지 아십니까? 어느 해 가을이나 다를 바 없는데 ….

성도 여러분!

저에게 있어서 최고로 행복한 순간은 여러분 앞에서 말씀을 전할 수 있는 순간입니다. 그날이 다가오고 있습니다. 가을에 …

사랑하는 성도 여러분!

저의 느낌(feeling)이 좋습니다. 영적인 느낌 말입니다. 어느 때보다도 하나님의 임재를 많이 느끼며 지내고 있습니다. 가끔 엄하신 하나님이 강하게 임하시면 한없이 작아지고 초라해지지만 그러나, 다정하신 하나님으로 다가오실 때는 감히 허리를 펴고 두 손을 내밉니다.

그 '내미는 손'에 무슨 기도가 있는 줄 아십니까? '내미는 손'에 바로 여러분이 있습니다.

성도 여러분!

살아있다는 것, 그 자체가 얼마나 고귀한 일인지 모릅니다. 정말 소중하게 사셔야 합니다. 여러분 한 사람 한 사람은 세상에서 한 분밖에 없습니다. 여러분만큼 훌륭한 사람은 아무도 없습니다. 그 무엇으로도 대신할 수 없습니다.

그렇기 때문에 조금은 느리고 시간이 걸리더라도 우리 성도들을 참된 내면의 세계로 안내할 것을 약속드립니다. 하나님 안에서만 '진정한 있음'과 '영원'을 말할 수 있기 때문입니다.

그렇기 때문에 여러분의 목양자는 세 번씩이나 납작하게 깨졌다가 일어서며 더욱 많이 하나님을 의지하게 되었습니다. 특히 이번에는 좌뇌가 파열된 상태에서 일어서 보려고 안간힘을 썼지만 하나님의 신기한 은총 없이는 아무것도 아니라는 사실을 알았습니다.

이것은 놀라운 비밀입니다. 조금 느리지만(시간이 흐를수록) 신기하게 터득한 하나님의 터치(하이터치)입니다. 하나님과 더 가까이에서 민감하게 살면 되는 것입니다.

미안합니다. 성도 여러분.

저는 이렇게 생각하기로 하였습니다. 제가 성도들을 위하여 할 수 없는 것과 해줄 수 없는 것 때문에 슬퍼하지 않기로 마음먹었습니다. 대신 제가 여러분을 위해 해줄 수 있는 것으로 인해 행복해하기로 했습니다.

사랑하는 서림가족 여러분!

금년 추수감사주일은 최고의 잔치요 서림교회가 복 받는 날이 되기를 바랍니다. 많은 영혼을 추수하여 세상이 복 받는 날이 되기를 바랍니다. 추수감사절에 만납시다.

여러분의 목양자, 송재식 목사 드림

걸어 다니는 **진흙 덩어리**

텐트처치,
새 비전을 품다

뇌출혈로 쓰러진 후 8개월 만에 나는 강대상에 올라 '엎드려 감사하라'라는 제목으로 설교를 할 수 있게 되었다. 다섯 번째 목회서신에 약속한 것처럼 2011년 추수감사절에 성도들 앞에 선 것이다. 그때의 감동은 지금도 잊을 수 없다.

나는 이날의 설교를 위해서 이전보다 2-3배의 시간이 필요했다. 원고가 완성되자 열 번이고 스무 번이고 읽고 또 읽으며 연습하여 설교에 임했다. 그날을 시작으로 나를 뇌출혈로 쓰러지게 하신 하나님의 뜻을 확신하게 되었다. 그것은 나에게 새 성전을 지으라는 구체적인 사인이었다.

텐트처치 기공 감사예배

광야의 성막, 텐트처치를 보다

그때부터 우리 서림교회 당회와 성도들은 예배당 부지를 달라고 기도하기 시작했다. 그리고 2012년 2월 22일, 드디어 수완성전부지 4,472평을 매입하게 되었다.

성전부지를 매입하면서 나는 성도들에게 '덜 화려하게! 더 상징적으로!'를 추구하며 부담되지 않는 교회를 짓자고 약속했다. 그런 교회를 꿈꾸며 기도하던 중 하나님께서는 내게 광야의 성막을 보여 주셨다.

성도들에게 부담을 주지 않으면서 자유롭게 활용 가능한 텐트처치는 덜 화려하고 더 상징적인 교회를 짓고자 했던 나의 생각과 목

102

회 비전에 꼭 들어맞는 예배당 형태였다. 검소하고 소박한 형태의 구조물로 건물 외형에 들이는 비용을 최소화함으로써 교회 본연의 역할에 매진할 수 있다는 장점이 있었다.

여기에 이스라엘 백성이 광야 생활을 하면서 하나님을 예배했던 장소로써 성막이 가진 성경적인 의미를 부여하니 신학적으로나 목회적으로 너무나 훌륭한 예배당 건축 모델임을 발견하게 된 것이다.

우리 당회는 텐트처치 건립을 위하여 건축헌금을 모으기 시작했다. 그리고 5년이 지난 2017년 7월 29일, 드디어 수완 텐트처치 기공감사예배를 드렸다. 그리고 약 1년 후인 이듬해 2018년 7월 7일, 기쁨과 감격 속에 입당감사예배를 드렸다.

이 텐트처치는 마치 코로나19로 인해 야기될 오늘의 상황을 미리 예견하고 준비한 것처럼 한몫을 톡톡히 해냈다. 정부의 격리 조치로 인해 공간의 크기에 따라 적정 인원만 예배를 드려야 했을 때 우리 교회는 임동과 수완예배당에 나뉘어 예배를 드릴 수가 있었다. 따라서 그런 상황에서도 현장 예배를 드리기 원하는 모든 성도를 넉넉히 수용하여 예배할 수 있었다.

텐트처치를 준비하면서 우리 교회는 '근원으로 돌아가자'라는 표어 아래, 복음으로 세상을 물들이기 위하여 세 가지 핵심 비전을 정해 성도들에게 선포했다. 그 비전들은 수완 텐트처치를 통해 더욱

텐트처치 입당 감사 예배

구체화되었고, 교회의 모든 사역이 분명한 지향점을 갖고 나아갈 수
있게 했다.

그것이 바로 테바 비전, 도무스 비전, 다운 비전이다. 서림교회
는 이 세 가지 비전을 품고 새로운 시대를 열어가고 있다.

테바 비전(Tebha Vision)

서림교회의 첫 번째 비전은 테바 비전이다. 테바(tebha)는 히브
리어로 '상자'를 뜻한다. 출애굽기에서 아기 모세를 담았던 갈대 상
자이자, 창세기에서 노아의 가족과 온갖 생물을 담았던 방주가 바로
테바다. 테바는 그래서 미래를 준비하는 상자다. 이스라엘 민족을

걸어 다니는 **진흙 덩어리**

구원할 아기 모세를 담았고, 대홍수 이후 지구를 가득 채울 생명을 담았다.

우리 서림교회 수완예배당은 이 테바 비전을 품고 노아의 방주와 성막을 상징하는 텐트 형태로 건축했다. 그런 의미에서 텐트처치는 곧 갈대상자요, 노아의 방주이다. 이에 따라 서림교회는 목회의 초점을 다음 세대에 두고 어린이와 청소년, 청년들을 담는 방주와 갈대상자가 되고자 기도하면서 시설과 인력, 재정을 아낌없이 투입하고 있다.

도무스 비전(Domus Vision)

두 번째 서림교회의 비전은 도무스 비전이다. 그리스어 단어 '도무스'(domus)의 사전적 의미는 '집'이다.

그런데 사도행전에 보면 이 '도무스'에서 놀라운 사역들이 일어난 것을 볼 수 있다. 다메섹으로 가는 길에 회심하고 광야에서 3년 동안 훈련받은 사도 바울이 처음으로 사역을 시작한 곳은 안디옥이다. 그 안디옥에서 바울이 개척한 안디옥교회가 바로 이 도무스, 즉 집에서 시작되었다. 로마에 죄수의 신분으로 재판을 받기 위해 호송된 바울이 가택연금 되었던 셋방 역시 도무스였다.

안디옥교회는 번듯한 예배당 건물이 아니라 단순한 가정집에서 부흥을 일구었고, 로마에서의 바울 역시 셋집에 연금상태로 갇혀 있었지만, 주눅 들지 않고 복음전도의 기적을 일으켰다.

장엄하고 화려한 예배당이 조직화 되고 기구화된 교회를 상징한다면, 도무스는 소박하지만 순수함과 열정으로 충만한 복음공동체를 상징한다. 기구화된 교회는 외적인 형식을 중요하게 생각하고 눈에 보이는 것에 치중하지만, 도무스 공동체는 비록 눈에 보이지는 않아도 하나님과의 수직적 관계에 기초한 내면의 충만함을 추구하면서 순수하고 열정적으로 복음을 전한다.

우리 서림교회 임동예배당과 수완예배당은 각각 하나의 도무스가 되어 거침없이, 그리고 담대하게 복음을 전할 것이다. 이런 도무스의 정신으로 서림교회는 21세기, 새로운 밀레니엄이 시작되던 해 아프리카의 가장 낙후되고 가난한 나라 콩고민주공화국에 선종철 선교사를 파송했고 지금까지 20여 년간 교회와 학교, 진료소 등을 세워 놀라운 선교의 열매를 거두었다.

앞으로 서림교회는 빛고을 광주와 지역사회를 품고 전 세계 열방에 복음의 능력을 드러내는 이 시대의 도무스가 되고자 한다.

걸어 다니는 **진흙** 덩어리

다운 비전(Down Vision)

서림교회의 세 번째 비전은 다운 비전이다. 겸손히 낮아지는 교회가 될 때 주님은 우리 교회를 이 마지막 시대에 주님의 오심을 준비하는 교회로 사용하실 것이다.

사도행전에서 보면 초대교회 성도들은 안디옥에서 비로소 그리스도인이라는 명칭을 얻었다. 당시 수리아 안디옥은 매우 세속적이고 복음과 상관없는 도시였다. 그곳에서 바울과 바나바는 유대인이라는 선민의식과 자존심을 버리고 안디옥 시민들의 눈높이로 자기를 낮추어 섬기는 자세로 전도했다.

우리 주 예수님께서도 본래 하나님의 본체이셨지만 스스로 자기를 비워 비천한 인간들 속에 성육신하셨다. 그리고 십자가에 못 박혀 죽기까지 자신을 낮추셨다. 우리 주님은 음부에까지 낮아지셨고 그곳에서도 복음을 전하셨다. 이처럼 하나님의 역사와 능력은 언제나 낮은 곳으로 임하신다.

우리 서림교회도 75년 전통이라는 자존심을 버리고 이 땅의 가난하고 소외된 이웃들, 상처 입고 고통당하는 이들과 함께하고자 한다. 특히 젊은이들이 떠나고 이제 미래를 기약하기조차 어려운 농어촌 교회와 자립 대상 교회들을 위해 바울과 바나바의 마음으로, 그

임동 – 수완 예배당

리고 성육신하여 십자가를 지신 예수님의 영성으로 겸손히 낮아져 섬길 것이다.

걸어 다니는 **진흙 덩어리**

다시 걷는
진흙 덩어리

뇌출혈로 쓰러져 한없는 무력감 속에 절망했던 내게 하나님은 언어를 돌려주셨고 오른쪽 팔도 거의 완전하게 회복시켜 주셨다. 그러나 하나님은 브니엘에서 야곱의 환도뼈 큰 힘줄을 쳐서 그를 절뚝거리게 하셨던 것처럼, 나의 오른쪽 다리를 절게 하셨다.

그때 이후로 나는 운전을 할 수가 없다. 언제나 아내의 도움을 받아야 해서 아내에게 늘 미안하다. 아내는 내게 성격상 이곳저곳, 가지를 치지 못하는 나를 하나님께서 묶어놓으셨다고, 그래서 하나님께만 집중하는 지금의 삶이 너무 좋다고 말하곤 한다.

모자란 내 모습

그러고 보니 내 육체는 참 모자라는 것이 많다. 38세, 프랑스 유학 시절 마피아의 총알이 배를 뚫고 지나가 창자의 절반이 잘려 나갔으니 다른 사람들의 창자보다 훨씬 모자란다. 그뿐이 아니다. 태중에서 어머니로부터 영양분을 공급받았던 배꼽이 없으니 뱃심도 없어 큰 소리를 내는데도 여간 힘이 든 것이 아니다.

58세, 뇌출혈 후유증으로 오른쪽 다리가 불편하다 보니 가고 싶은 곳을 마음대로 갈 수도 없다. 그것 또한 다른 사람에 비해서 모자라는 부분이다. 이런 모자란 나의 모습을 생각하며 쓴 시가 한 편 있다. 전라도 말로 모자란 사람을 가리키는 〈모지리〉란 제목의 시다.

나는 모지리

나는 모지리!
진짜 모지리다.
절룩!
다리가 절룩거린다.
성도들에게, 근심하지 말라 해놓고 혼자 근심한다.

걸어 다니는 **진흙 덩어리**

나는 모지리!

진짜 모지리다.

절룩!

마음이 절룩거린다.

성도들에게, 담대하라 해놓고 혼자 떨고 있다.

나는 모지리!

진짜 모지리다.

절룩!

생각이 절룩거린다.

성도들에게, 할 수 있다 해놓고 혼자 망설이고 있다.

나는 모지리다.

다시 처음 마음으로

중풍으로 인한 마비에서 점차 회복되면서 나는 목회 현장에 다시 복귀하여 처음 마음으로 목회를 시작했다. 하지만 아무리 몸부림을 쳐도, 인간적인 의욕과 용기를 보여주어도, 하나님의 교회에서는 성사되는 것이 있고, 성사되지 않는 것이 있다. 왜냐하면 목회자의 인간적 열심만 가지고서는 교회를 교회 되게 할 수 없기 때문이다.

나는 교우들에게 늘 미안한 마음을 갖고 있다. 이른바 '부재 목회'를 해야 하기 때문이다. 공적인 자리, 즉 예배나 회의 외에는 사적으로 교우들을 만나는 일이 거의 없다. 또한 성도들의 가정이나 일터를 심방하는 경우도 드물다. 몸이 약하다는 이유로 새벽기도까지 부목사들이 인도한다.

이런 부족한 나를 이해하고 용납해주는 서림교회 교인들은 참으로 좋은 교인들이다. 장로님들은 나를 향해 "목사님, 건강하기만 하세요"라고 말씀하신다.

이런 상황에서 나는 송구스러운 마음과 떨리는 마음으로 목회하지 않을 수 없기에 주일 오후만 되면 내 나름대로의 골방, 즉 한적한 곳을 찾아간다. 말없이 하나님과 독대하는 시간을 통해서 또다시 나의 그림자를 보게 되고, 십자가의 그늘 아래 나가 회개하며 돌아오곤 한다.

나는 지금 땅끝의 아침을 맞이하며 설레는 마음으로 살고 있다. 하나님께서는 나에게 땅끝과 같은 곳에서 새벽을 주시고 다시 시작하는 아침을 주셨다.

몇 차례 죽음의 깊은 골짜기를 지나오면서 더욱 확실해진 것은

걸어 다니는 **진흙 덩어리**

오늘을 사는 것이 순전히 하나님이 주신 기회요, 은총뿐이라는 사실이다. 그래서 나는 날마다 오늘이 내 삶의 마지막일 수 있다는 심정으로 종말론적 인생관을 가지고 목회하고 있다. 이런 나 자신의 모습을 바라보며 2022년 10월에 고 훈 목사님의 지도를 받아 쓴 시가 있다. 〈나의 자화상〉이란 제목의 시다.

나의 자화상

별수 있겠습니까

별수 있겠습니까
저도 사람인데
나눌 때보다 받을 때 더 기쁘고
다른 사람보다 내가 더 우선인
이기적 삶을 살아가는
속물

별수 있겠습니까
저는 성직자인데

위선의 옷을 입고

하나님보다 사람 눈치 보며

외식으로 살아가는

퇴물

별수 있겠습니까

저도 늙어가는데

닳아지지 않고

녹슬고 있는

비우지 못해 엉터리로 살아가는

고물

주여

별수 없는 나를

건져주시옵소서

세 번 쓰러지고 다시 걷게 된 삶

세 번의 쓰러짐, 그리고 다시 걷게 된 나의 삶.

그리고 그 삶에 간섭하시고 섭리해 주신 하나님의 깊은 은혜. 나는 내 인생의 쓰러짐의 순간마다 그것을 터닝포인트로 삼아주신 하나님의 은혜를 고백하지 않을 수 없다.

18세 입신 - 생애 첫 번째 쓰러짐 (신앙의 터닝포인트)

38세 총상 - 생애 두 번째 쓰러짐 (인생의 터닝포인트)

58세 중풍 - 생애 세 번째 쓰러짐 (목회의 터닝포인트)

나는 이제 목양 생활을 다시 시작하는 초심으로 돌아가고 있다. 그래서 교회 표어를 '근원(본질, 本質)으로 돌아가자'로 정했다. 나의 목회를 마치는 날까지, 아니 내가 이 땅에 사는 그날까지 본질을 찾아가려고 한다.

왜냐하면 오늘날 많은 교회에서 본질이 아닌 것이 본질의 자리를 차지하고 있기 때문이다. 본질을 잃어버린 교회에는 하나님의 자리가 없다. 본질이 변질되고 퇴색된 교회, 비본질이 본질을 대체해 버린 교회는 세상 사람들로부터도 외면받을 수밖에 없다.

본질에 충실한 교회, 늘 다시 본질로 돌아가기 위해 몸부림치는 교회가 바로 교회다운 교회다. 세상 사람들은 그런 교회에 다니고 싶어 한다. 그런 교회만이 세상을 변화시킬 수 있고, 세상을 복음의 능력으로 물들일 수 있다.

이를 위해서는 먼저 우리 서림교회가 '근원으로 돌아가야' 한다. 뇌출혈로부터 회복된 후부터 나는 설교 때마다 근원으로 다시 돌아가야 한다고 외쳤다. 그것은 한마디로 '마르지 않는 영적인 옹달샘'을 찾아가는 것이다.

근원으로 돌아가는 것을 라틴어로 '아드폰테스'(ad fontes)라고 한다. 이는 14-16세기 유럽의 르네상스 운동 때 생겨난 말로서 샘을 뜻하는 '폰스'(fons)와 뿌리, 혹은 근원을 뜻하는 '아드'(ad)가 합쳐진 용어다.

오늘날 우리가 사는 세상은 많은 것들이 변질되었다. 정치, 경제, 사회, 문화, 심지어 종교까지 그 원본을 잃어버리고 말았다. 이렇게 변질된 것에 대한 해결책은 다시 처음으로 돌아가는 것이다. 근원으로 돌아가 본질을 찾는 것이다.

교회 역시 형식만 있고 내용은 없는 짝퉁 교회들이 있다. 그리스도의 십자가와 보혈을 잃어버린 교회, 경건의 능력은 사라지고 경건의 모양만 있는 교회가 바로 짝퉁 교회다. 그 대표적인 사례가 중세 말기 가톨릭교회의 모습이다.

본질에서 너무나 멀리 떠났던 중세 시대의 교회는 그 원본을 찾는데 무려 2백 년이란 세월이 걸렸다. 그때 '아드 폰테스'를 외치며 죽어간 이들이 오늘날 유럽 근대화의 뿌리가 되었다.

조용하게, 미끄러지듯이

근원으로 돌아가자는 서림교회의 운동은 천막교회(Tent Church) 운동으로 나타났고, 이 운동은 새로운 패러다임을 원하는 한국 교회와 사회에 큰 반향을 일으켰다.

가장 아프고 가장 힘들었던 시간! 그러나 그 시간에 하나님은 내게 가장 깊고 가장 따스한 손길로 심오하고도 경이로운 하나님의 세계를 바라볼 수 있는 영적인 눈을 주셨다.

끝으로 이 지면을 빌어 나의 약함을 채워주는 모든 동역자는 저의 형제와 자매임을 고백한다. 그분들과 함께 나의 생명 다하는 그 날까지 주님의 영광을 위해 살고 싶다. 그동안 우리 장로님들과 교우들의 사랑을 받으며 29년의 목회 여정을 멋있게 달려왔다. 이는 전적으로 하나님의 은혜가 아닐 수 없다.

이제 지금까지 달려온 29년보다 앞으로가 더 중요하다. 내 목회 인생을 마무리하는 카운트다운이 시작되었다. 장로교회는 장로, 즉 목사와 장로가 만들어 간다는 말이 있다. 나 역시 그 말에 동의한다.

나는 우리 교회가 오늘 이 시대에 광주시민들이 다니고 싶어 하는 교회로 성장하고 성숙하게 된 것은 전적으로 장로님들의 혜안이 있었기에 가능했다고 믿는다. 그런 장로님들이 있기에 나는 우리 서림교회의 밝은 미래를 내다볼 수 있다.

숙련된 뛰어난 비행기 조종사가 목적지에 도착하여 조용하게, 미끄러지듯이, 착륙하는지도 모르게 착륙하는 것처럼, 나는 이제 그렇게 내 목회 여정의 종착지에 착륙하기를 기도하고 있다.

걸어 다니는 **진흙 덩어리**

제2부

오직 예수, 오직 은혜
(일기, 메모, 설교)

주님을 위한
나의 삶

하늘의 전권대사.

능력(영력)의 소유자.

하나님의 종으로서 인간적 자신을 포기하고

오직 만 인간의 평화와 구원 문제를 위해 사는 나가 되라!

사욕을 버리고 주님만을 생각해야 할 것이 아닌가.

지혜는 하나님이 주셔야지

죄악과 더러움은 나를 망하게 하고 말 것이다.

말씀 없이 살아가는 나의 생이란 죽음과 어두움뿐이며

미련한 모습만 나타날 것이다.

평화의 주님을 내 마음에 모시고

순교를 목적으로 나의 생(生)을 쌓으련다.

오직 주를 위한 길이라면

나의 전체를 포기해 버려야 하지 않겠는가?

나는 약하다. 그러나 내 주님은 강하다.

내게 힘을 주시는 우리 주께 더욱 의지하련다.

나는 비록 보잘것없지만

내 주님, 나를 들어 쓰시옵소서.

나의 욕구를 위해 살려고 할 때 나는 망하게 된다.

내가 망하게 되면 나의 더러운 인간미(人間味)만 나타난다.

죽음으로 대치하는 어설픈 생(生)이 아니라

용감하게 살아야 하지 않겠는가?

_ 1978년 1월 12일

인생(人生)과
목회자

극히 적은 백지 한 장의 차이로 인하여

사람은 유명 내지 무명의 인간형(人間型)으로 나타난다.

절제 의식 –

나쁜 습관 –

소망 추구의지 –

조금의 차이로 결정(決定)되고야 만다.

인생의 한계

상대성과 유한의 한계를 느낄 때마다

절대자이시며 신(神)이신 그리스도를 부른다.

인생 초월은 극히 힘이 든다.

힘이 드는 그만큼 큰 영광이 있다.

빛.

빛이 밝아 온다.

받아들일지 말지는 나의 의지와 실천이다.

광명과 환희를 위하여

준비해서 울어라, 참아라, 외워라!

창피를 무릅쓰라.

인생(人生)의 공허를 그리스도의 보혈로 메꾸어라.

나태는 인생(人生)과 목회의 좀이다.

_ 1978년 11월 24일

참아라, 견디어라,
힘쓰라!

나의 얼굴은 나를 대변한다.

얼굴에 대한 책임을 지며 살아야 하리라.

누가 내 얼굴을 이렇게 만들었던가?

본인(本人)의 내적인 면을 굳건하게 하면서

진리(眞理)를 찾아 생명을 던져버리리라.

세상(世上)은 요지경 -

철두철미한 생존 경쟁의 틈바구니 속에서 자신만이라도

맛(味)을 제공해 주면서 헌신과 사랑을 뿌릴 터이다.

내 처지가 무섭도록 주목이 된단다.

무엇을 위한 학문(學問)을 할 터인가?

명예?

권세?

재물은 더더욱 아니다.

하나님 나라를 확장하기 위함일텐데

단호히 고난도 극복하여야지.

주님을 위하여

참아라, 견디어라, 힘써라!

조금의 빈틈과 해이함이 나를 죽일 터,

훗날에 큰 공간이 탄생할 것이다.

_ 1981년 6월 26일

한라산 기도원에서
1

한라산 기도원에 입산(入山)하다.

모든 잡념 –

세상의 정욕 –

불만과 허욕을 벗어 버리고 –

신앙(信仰)과 학문(學問)을 위하여 여름휴가를 이곳에서 보낸다.

하나님께서 사랑하시는 마지막 기회임을 의식(意識)하며

온갖 심혈(心血)을 다해 노력하고자 한다.

고요함 중에 주님의 음성을 들으며

아버지의 나라를 위하여 살고자 한다.

한라산!

고요한 독방 -

지혜롭게 살지 못한 과거의 삶이 한스럽기만 하다.

산기슭에 안개가 자욱하다.

그간 세상의 죄악(罪惡)으로 닫혀버린 내 영, 내 마음!

내 영혼아, 문 열어라!

새롭게 되어라!

진리(眞理)를 따라 살아라!

헛되이 보내던 그날을 -

어리석게만 생각해 버려야지 -

_1981년 7월 9일

한라산 기도원에서
2

한라산 수도원 생활 열흘째다.

고향을 멀리 떠나서인지 불도 없고 사람도 없으며, 먹는 것까지 체질에 맞지 않는다. 무엇을 위하여 선택한 길인가?

많이 배우면 배울수록, 노력하면 할수록 세상적인 유혹마저도 더욱 그러하리라. 인간 세상에서도 처음과 끝이 다르면 배반감을 느끼는 법인데 하물며 위에 계신 하나님을 슬프게 해드리지는 말아야 하지 않겠는가?

목회를 위하여 나선 이 몸, 신학생을 가르치는 일도 어떠한지 은밀하게 기도하며 참으로 주님의 뜻을 찾아야 하겠다. 부름받을 당시에는 오히려 지금보다 처절한 입장이었는데도 더욱 용기가 있었으며, 배고프고 헐벗었는데도 얼굴빛과 생활은 활발하지 않았던가?

여유 있는 삶과 과거의 수고한 대가를 주신 여호와 하나님. 함부로 쓰지 말며, 책을 구입하는 일에 게을리하지 말며, 유용하고 필요한 일에만 사용하여 칭찬받는 삶을 영위하여야 하겠다.

항상 배고픈 자처럼, 사형선고 받은 사람처럼, 죄인 중에 괴수라는 의식 속에서 가난한 자, 약한 자와 더불어 울고 고생하며 살아야 하겠다.

말(語)은 좀처럼 회피하고 구원의 사건을 다루고 필요시에만 사용해야겠다. 모든 책을 서서히 다루어 통달해라. 정신적 보상을 최대한 받아서 정신상태가 흐리고 정신적 방황을 앞장세우는 귀잡인들에게 나폴레옹, 시이저가 되는 올바른 방향을 제시하여 정신과 영혼의 지도자답게 살고 참 영적 지도자상을 그리며 쓸모있게 질서회복자 되어 존재하리라.

마음에 허락하지 않는 일, 즉 나를 망하게 하는 일은 단호히 물리쳐 흉내도 내지 말고, 의로우신 재판장 그리스도의 형상을 좇아 살아 나의 모습도 그리스도의 모습이 되어 나를 만나고 접하는 모든 사람이 그리스도를 발견하도록 해드려야지.

오늘따라 티 없이 맑은 하늘에 별로 일그러지지 않은 달이 둥실 떠서 바다 위와 하늘의 사이에서 나를 환하게 비추고 있으며, 모든

어리석음을 알도록 해주며 단념할 것은 단념토록 한다.

학문의 세계에서 뒤지지 말아야지. 인내만이 나를 나 되게 하지 않겠는가? 괴로울 땐 주님을 바라보라. 피곤하고 피로하며 고독하다고 느낄 때 더더욱 하나님의 권능을 힘입을 필요가 있는 것이다.

한라산이라고 별 볼 일 있겠는가만, 멀리 떠나왔다는 의미에서 피조물인 나 그 자체가 각오와 새로움으로 대처하게 될 것임이라.

한라산 육백 고지인데 상봉까지의 삼분의 일이란다.

마지막 하산하기 전, 8월 말경에나 한번 정상을 정복해야지-.

_ 1981년 7월 18일

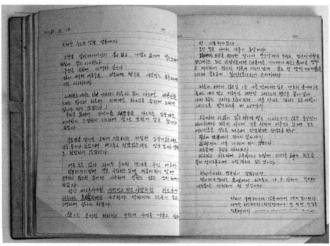

한라산 기도원 일기

실패한 하루

실패한 하루였습니다.

떠들고 들썩였습니다.

목적 없는 양처럼 휘청거렸습니다.

남과 다를 바 없는 인간에 불과합니다.

내가 누구입니까? 당신만이 완전하시지요.

내일은 또 이러할 것이요,

"내일이면 집 지으리라"고 노래하는 새처럼

모순을 먹고 삽니다.

한 번 무섭게 살아야 하지 않을까요?

이번 운동경기가 내 학창시절의 대중사회를 종결하고

이제는 냉철히 살아야 하겠습니다.

힘없는 것보다는 양순하게,

질투보다는 사랑과 이해심으로요.

내가 나 되기에는 아직 덜 살았나 봅니다.

사기꾼이 변하여 이스라엘이 된 것처럼

찌꺼기만 남기지 말고

남이, 주님이 내 가슴을 쳐다볼 때

한 점 부끄러움이 없이 –

지혜롭게 살아야겠습니다.

주님을 위하여,

신학을 위하여 정신차려야지요.

서글픈 하루가 질리도록 괴롭습니다.

무서운 저력이 아직도 있다는 것은 주님의 저력이옵니다.

_ 1982년 10월 26일

나이 서른에
지금

30세가 된 지금에 여러 가지 사건들이 내 앞에 대두된다. 가장 큰 문제점은 오늘에 이르기까지 신학교 4년의 공부와 일반대학 3년의 과정 그리고 군 생활 3년이 20대의 전 세월을 메꾸고 있는데 얼마나 밑바탕을 자리 잡아 주고 있으며 큰 디딤돌이 되었느냐는 물음 앞에 서 있다.

정확한 가치관을 지니고,

출세 위주의 학문을 탈피하고,

나의 할 일만을 찾아서

더 이상 방황하지 아니하고,

푯대만을 향하여 꿋꿋하게 달려가야 하겠다.

　나름대로 삶의 철학을 투철하게 세우고 살아가는 방법을 잘 터득하여 아무도 침범하지 못할 나의 삶, 하나님의 아들이며 하나님의 선지자요 제사장으로서 하늘의 영권대사라는 큰 사명을 항상 긍지와 큰 보람으로 삼고, 영의 살찜을 방해하는 육체의 자랑과 정욕을 물리치며, 오직 이처럼 보이는 도를 좇아가야만 한다.

　육과 영.

　그동안의 가장 큰 문젯거리였고

　나의 명제였음에 틀림이 없었다.

　영이 살자면 육을 죽여라.

　육은 사탄의 아들이요,

　영은 하나님의 도움이다.

　육은 날마다 죽여야 한다.

　하나님과의 채널,

　하나님과의 사이클.

　육체적이고 세상적인 채널을 물리치고, 노력하고 부단히 기도하여 나 자신의 채널을 하나님께로 향해야겠다. 틈만 있으면, 또한 잘못 방심만 하면 나의 채널은 세상으로 향하고(돌아가고) 만다.

　스크린에 비치는 하나님의 영상이 희미해서는 안 된다. 정확한 화면, 하나님의 영상이 스크린에 나타나도록 나의 채널이 하나님과

정확하게 맞아야 하겠다.

하나님의 영상이 나타나야 할 화면에 세상의 상이 나타난다고 할 것 같으면 어찌할 도리가 있단 말인가. 무엇인가 나에게 있을 법한데도 이처럼 허우적거림은 토대 없는 겉모양의 융성이라고 단정해도 무방하다.

찬란한 장면이 펼쳐진다.

나의 시대가 다가오고 있다.

이제부터 시작이다.

이제부터 10년이 나의 영감의 시대다.

사탄을 대적하라.

육의 사탄, 세상의 사탄,

악령의 사탄을 대적하여 영감을 획득하라.

기도하여, 특히나 육을 죽임으로 얻어지는 영력을 소멸치 말고 굳게 지키고, 이 나라 민족, 세계의 빛이 되어라.

이제부터 시작하자.

이제부터 시작하자.

_1983년 1월 26일 한라산에서

맹용길
박사님께

보통 때와는 달리 소식이 무척이나 늦었음을

참으로 송구스럽게 생각합니다.

항상 그렇듯이 완전히 목사님의 보살핌에 힘입은 자가 되어서

두렵지 않게 무장하며 살아갑니다.

금년에는 독일어 공부를 시작해 보았습니다.

서투르지만 약간 흥미가 있고 기초실력만 갖추고 싶어서입니다.

불어는 사전을 들고 책을 읽을 정도이며,

영어는 아직도 자신감이 없어서 걱정이고

남은 학교생활을 영어에 집중할 생각입니다.

먼저 하나님 앞에 바로 선 자가 되어야 하겠고

사람 앞에서는 두려움이 없도록 경주를 다 할 생각입니다.

최선을 다해서 하나님 주신 모든 여건을 다 살리고

힘주시는 대로 사명을 감당하고자 하옵니다.

_1983년 5월 31일

하나님 앞에
바로 서라

분주했던 지난 1년간,

허전 아닌 이상야릇한 기운이 돈다.

모든 것을 잊어버리고

빗나간 과녁을 원위치하고

하나님과 더욱 밀접하게 살아가야 한다.

주님이 주신 삶,

얼마나 이 역사의 장을 잘못 생각했던가.

하나님의 크신 위력을 겸손히 받아들이며 정념하여 바라보리라.

사생회장 1년간은 득과 실로서 두리번거린다.

실(失)이란, 내적 소양을 다하지 못했고,

너무나 뜬 세상이 아니었을까? 떴다, 떴다…

하루빨리 나는 기본에서, 소인으로서

겸손히 섬기며 살아야 한다.

Mon Vie(나의 삶)는 하나님 앞에 많이 구겨졌다.

내일을 위하여 우선순위에 입각하여 살아야 한다.

쉽게 포기하지 말고, 한 계단, 한 계단 밟아가는 것이다.

나태, 느슨, 혼미를 죽여라.

가난하게, 배고프게 살아가는 법을 터득하여라.

어려운 이 과정을! 홀로 선 자로서 살아가는 것.

지난 1년을 철저히 잊어버려라.

하나님 앞에서 바로 서라.

흥분에서 깨어나라.

_ 1985년 11월 21일

흔들리지 말고
견고하게

공부, 학문(l'étude)의 틀을 만들어야 한다.

위대한 삶이란 다른 것이 아니다.

Tous les jours, je me devra mort.

(날마다 나는 죽어야 한다.)

Devant mon Dieu, je suis me lever.

(하나님 앞에서, 나는 살아난다.)

자아관리,

고독의 극복, 영적 성장의 삶,

정신, 영의 양식을 위한 묵상과 말씀의 풍요를 원한다.

정결한 삶, 규칙적인 진행.

극기.

믿음을 지키는 것.

철저하게 하나님께 잡히는 것

그리고 흔들림은 잠깐으로 족해야지.

끊임없이 고뇌(고민)하고, 번민한다고?

유익한 고민은 나를 발전시키지만

무익한 방황은 자아를 파괴시킨다.

권투선수가 결전 일을 남겨두고

온갖 정열을 다해 훈련하는 기분으로 어학에 임하여야 한다.

모든 것이 잘못되었다.

허풍, 허풍이다.

말없이, 인간을 조심하고 특히 여자(mademoiselle)를 조심하자.

필요 이상의 친절이나 만남을 꼭 회피해야지.

매일 불어성경을 정독해야만 한다.

정리할 것이 몇 가지 있다.

하나님이 아신다.

모든 극복은 나의 힘으로서는 안 된다.

하나님의 은총만이 모든 것을 이기게 하신다.

주께서 나를 도와주셔야지요.

앞에 기록한 내용대로 사는 삶이 되도록 힘을 주십시오.

나에 대하여 엄격한 삶이 우선,

남을 잘 만나주지 않는 삶,

그리고 오직 말씀과 책, 그리고 프랑스어에 집중하는 것입니다.

흔들리지 말고 견고하게 서서 하나님을 청종하렵니다.

하나님은 마음이 교만한 자를 미워하신다고 하셨다(잠 16:5).

하나님을 위한 의(義)로운 삶!

소태를 씹는 삶이옵니다.

_1986년 3월 22일

낮에와 같이
단정히

낮에와 같이 단정히 행하고 방탕과 술 취하지 말며, 음란과 호색하지 말며, 쟁투와 시기하지 말고 오직 주 예수 그리스도로 옷 입고 정욕을 위하여 육신의 일을 도모하지 말라(롬 13:13).

위의 성구는 아우구스티누스(Augustinus)의 회심을 가져온 결정적인 말씀으로 항상 단정히 행하는 사람이면 방탕이나 술 취할 수 없으며, 음란과 호식, 쟁투, 시기가 없다고 하는 결정적인 하나님의 음성이다. 오직 주 예수 그리스도께 잡힌 바 된 사람은 정욕을 위하여 육신의 일을 생각하지 않을 것이다.

주 예수여, 감히 이름조차 부를 수 없기에

답답한 마음으로 이렇게 두리번거리고 있나이다.

당신의 깊이와 거룩한 세계를 알 수 없사오며,

저를 향하셨던 손을 거두지 마시고

꼭 잡아 주시기 원하옵니다.

회개의 심정으로 날마다 살아가게 하시고,

순수한 마음과 정한 일념에서

흔들리지 않고 정도(正道)의 삶을 영위하게 하소서.

마비된 영혼의 심연에서

겁이 나고 두려운 이 모습까지도 아시는 주여,

당신의 긍휼과 용서가 한량없다면 감히 이렇게 쓸 수도,

존립할 아무런 가치도 없나이다.

사는 것이 무엇입니까,

존립하여 희망으로 배우는 것이 무엇이옵니까,

허무한 이유는 당신을 멀리했던 까닭이 아니고

무엇이겠습니까?

사람도 아닌 것이 사람의 행동을 하고,

신실한 신자도 아닌 것이 선지자의 대열을

갈망했던 것 아니겠는지요.

혼미한 영혼과 찌뿌듯한 육체가 정결케 되기를 원하옵니다.

제가 감히 말하며 구하옵나니,

새로운 영성의 길을 열어 주십시오.

낮에와 같이 단정히 행하겠나이다.

_1987년 4월 4일

떨림의
기도

아버지여, 우리는 참으로 양이로소이다.

틈만 나면 양의 미련한 기질이 나타나서 스스로 해하고

구덩이에 빠지곤 하나이다.

세상에 내 영혼을 만족하게 하는 일이 하나도 없으며

의미를 부여해 주는 것, 이름조차 없습니다.

내 뇌리와 영혼을 고뇌케 하는 죄의식 속에서,

언제까지나 이렇게 불안해해야 합니까?

나의 양심과 영혼이 당신을 향하고 갈망하옵니다.

당신의 존전에 설 자, 누구입니까?

고달파하다가 망하지 않게 하소서.

당신의 긍휼만이 내가 살 수 있는 길이오니,

책하지 마시고 다시 한번 찾아주시고 냉대하지 마소서.

나의 생각, 행위들이 선한 것 하나도 없사오며,

죄인의 소행만 가득하옵니다.

내가 무엇을 하오리까?

무지한 소행을 탓하지 마소서.

잔잔한 영혼을 주시고, 당신의 뜻을 헤아리는 예지도 주소서.

처절한 인간 상태를 다 아시는 이여,

괴롭고 고독한 현실을 극복하는 힘이 솟게 하소서.

당신에게만, 나의 삶과 실존이 의미를 찾을 수 있사옵니다.

_1993년 10월 9일

사유하는
삶

사유하는 삶. 신학적으로 사유하는 삶치고는 너무나 얽매인 것들, 잡다한 것이 많다. 설교해야 하는 부담과, 서울과 광주의 강의하는 일은 나의 두뇌를 점령하고 있다. 좀 여유를 부리며 깊은 사유 속에, 글을 쓰며 살고 싶은 것이다.

오늘 밤, 나의 명제는, 읽고 생각하는 것에 대하여서다.

읽을거리가 있는 것도 중요하지만, 읽고 난 후에 사고하는 것이 더욱 중요하다는 말이다. 그렇다고 읽지 않으면, 너무나 평면적이고 천박한 곳으로 흘러갈 것이다.

나의 영혼이 언제나 하늘을 향해 있듯이, 나의 생각하는 것은 지상에서 이루어지는 그 무엇이 아니라 하늘 아버지의 비밀스러운 세계에 있다. 목회자, 신학자는 하늘에 얽힌 기묘한 세계를 신중하게 해석해 내야 한다는 말이다.

나의 사유하는 두뇌의 공간에 다른 잡다한 것들이 끼어들지 않도록 청소해 내는, 비우는 작업이 꼭 필요하다. 조용한 산장에서, 아니면 부딪히는 파도 넘실거리는 바닷가에서, 나는 일념으로 하늘을 향하리라.

나의 진행이 빗나가지 않도록, 어정쩡한 삶을 피하여 사는 방법을 터득해야 한다. 사람들이 무어라 하든지, 너무 괘념하지 말고 나는 나의 이 길을 가리라. 뚜벅뚜벅 걸어가련다.

우직한 삶이라 하더라도 말이다.

_1994년 11월 26일

영적 에너지의
근원

목회, 이것은 목양자의 길이다.

평신도(양)의 체질과는 또 다르다는 말이다.

왜 그런가?

양들을 압도해야 할 영성의 힘(energy)이 있어야 하기 때문이다.

양들은 무엇 때문에 모이는가?

자석과도 같은 영적인 에너지에 압도되어 끌려오는 것이다.

나의 영적 에너지는 얼마만큼인가?

왜, 광주 도성을 압도하지 못하는가?

내가 갈고 닦는 영적 에너지의 근원이 문제다.

지식과 경험에 의존하는 것 아닌가?

아니다. 나는 그 한계를 분명히 안다.

그렇다면 하나님, 그분의 진리만을 의존하는가?

그렇다. 그것을 앞세우지만, 아직 전폭적 의존이 없는 것 같다.

절체절명의 의존이 필요한 것 아닌가,

그런데, 얼마나 서투른 방식을 찾았던가?

부분적 의존에 불과하다.

하나님. 그분께 잡혀있지 못하다는 생각이 든다.

내 생각, 내 심리에 쌓여있는 부분이 많다.

하나의 문제가 생겼다.

상당히 갈림길이다.

내 생각, 내 판단이 왜 앞서는 것일까?

_ 1996년 11월 7일

새천년의
첫해를 보내며

새천년 12월이다. 이제 목회 활동도 정리해야 하고,

나의 생(生)도 정리 점검해 볼 때다.

무작정 달려오기만 했던 나날들!

정신없이 배우고, 뛰며 활동했던 지난날들.

나를 수식하며 꾸미려 하지 말고, 가지치기하며 다듬어야 한다.

사람들이 박수를 보낸다고 좋아할 때가 아니다.

8년 전에 죽음이 뭔가를 정리하려 했듯이,

여한이 없는 삶을 위하여,

정리하고 정돈하며 움직일 때가 되었다.

목회 6년째이고 보면, 안식(휴식)하며 점검해야 한다.

오락도, 휴식도 내 것이 아닌, 그냥 회피하려는 여가였고,

설교와 강의 세미나로, 땜질하다 보니 진정한 나의 것이 아닌

소화하려다 만 그것을 전하지 않았는가?

공부를 지금부터 해야 하지 않을까?

이제부터 공부가 무엇인지 알 듯하다.

제 길, 제 목회, 제 인생의 길을 위하여.

도도한 죽음을 맞이하며, 영원한 날을 준비하는 삶을 살아야지.

교우들의 행복은 곧 나의 행복한 행진에서 비롯될 것이고,

바울이 열거한 대로 나를 본받으라는

삶의 표본을 만들어 가야지.

_2000년 12월 8일

교역자 수련회를
마치고

화순 금호리조트에서 교역자, 직원 수련회 왔다가

혼자 방에 앉아서 몇 가지 구상을 한다.

읽지 않으면, 숙고하지 않으면 허세를 부리며

살기 쉽다는 것을 터득하게 되었다.

남의 것을 내 것처럼, 다른 이의 생각을 내 생각처럼 말하기 쉽고,

아는 척, 지식인인 척, 성직자인 척하며 살기 쉽다는 말이다.

리얼리티(reality), 리얼(real)하게 살아야지.

작은 쪽지 하나라도, 제대로 써 가야지.

모방하려 힘쓰지 말고, 나의 숙고 끝에 잡히는

영상(Spiritual imagenation)에 중점을 두는 연구(study)와

걸어 다니는 **진흙 덩어리**

묵상(meditation)을 해야 한다.

목회(ministry)는 왕도가 없는 법(法),

주어진 여건(context)에서 물 흐르듯, 정직하게

자연스럽게 풀어가야 할 것이다.

먼저 하나님 앞에서 그리고 나를 위해서 최선을 다하는 것이다.

작은 시간, 부스러기 시간을 버리지 말고, 절약하는 마음으로

틈틈이 생각하고 읽어야 한다.

온 사역자들이 즐겁고 행복할 때 온 교우들이 행복하지 않을까?

목사가 행복하지 않은 그 교회,

교우들 역시 행복을 기대하지 못할 것이다.

_2001년 1월 4일

33년 인생의
회고와 기도

단 한 번의 확실치 않은 발걸음은

촉망되던 발전의 길을 가던 젊음의 목숨을

그대로 무너지게 했다.

사람이 무엇이기에 이토록 생각해 주시며

사람이 무엇이기에 이토록 보살펴주시나이까(시 8:5).

그리스도를 진정 닮은 사제가 되고자 했던 지난날들.

좀 더 고결하고 순결하게 살고자 했던 갈등과 몸부림이

극기에 지고 자학을 일삼는다.

하나님, 성전 뜰 안을 그리워하여

내 영혼이 애태우다 지치옵니다.

나의 마음, 나의 이 몸이

살아 계신 하나님께 기쁜 소리 지르옵니다.

(브람스, 독일연 미사 4악장)

팔육의 일월을 씁쓸하게 보내며 –

나의 본질과 근본을 되묻게 되는 순간이다.

막다른 골목을 지나 낭떠러지에 선다.

자학에서 오는 영혼의 갈피인가?

만사에 침착성을 상실한 지 오래다.

성실이 깨어지면 흔들리는 가지가 된다.

무절제는 영혼까지 상하게 했고,

이브로 인한 아담의 상처가 남아 있고

진실한 사제직이 부러웠던 날들이여,

사람이 무엇인데 당신은 나를 이처럼 남겨 놓으시나이까?

멍든 날들이여,

허무한 과거들이여,

나에게 말해다오.

하나님, 저에게 말씀을 주십시오.

그리고 달래어 주십시오.

당신은 나의 본질이 아닙니까?

당분간 웃지 말아야지,

의미 있는 웃음은 따로 웃어야지.

하나님, 할 말이 하나도 없나이다.

당신의 뜻에 비하면 너무나 멀고 머나이다.

당신을 기쁘게 하는 예쁜 사람을 갈망하고 있습니다.

나를 아시는 당신이여,

얼마나 우셨나요?

상처로 얼룩진 저를 아시지요.

한 번만 더 용서해 주십시오.

기도의 문이 막혔나이다.

당신의 길이 멀고도 어렵게 느껴옵니다.

본질적인 것에 대한 추구가 전혀 없는 나,

나는 비약을 해야 한다.

그리고 할 길을 깊이 파야 한다.

지금 거미줄같이,

아니 그보다 훨씬 복잡하고

불규칙하게 나를 얽어매고 있는 것들이 나를 압박한다.

33년!

예수님이 지상에서 이루셨고 가셨던 나이.

금년 6월 18일은 진정 내가 죽는 날이었으면 하는 바람이다.

이제까지의 내가 모두 허물어져 버려 소위 원자 벌판처럼

모든 것의 의미가 사라져 버린 느낌이다.

참 무섭도록 처참하고 암울하기 그지없다.

무엇 믿고 어떻게 재건해야 하나.

예수님,

의미심장했던 날들!

저는 들뜬 기분에 당신의 마음을

헤아릴 생각도 못 하고

꺼덕꺼덕 건방지게 보냈나이다.

당신 앞으로 크게 한 걸음

다가서게 해주셨습니다.

예수님,

당신을 똑바로 바라다봅니다.

당신 마음속을 보고 싶습니다.

_ 1986년 1월 31일

101가지
감사

1. 먹을 것, 쓰고 사용하고 살 것 주심 감사(일용할 양식 감사).

2. 아내, 지은, 사은 주심 감사(특별한 관심).

3. 살아있음에 감사, 죽어도 진작 죽었는데(18-19세, 38세, 58세) 덤 인생입니다.

4. 아픔을 견딜 수 있게 하시니 감사.

5. 회개할 수 있게 하시니 감사. 세밀하게 회개하게 하시니 감사, 하나님 앞에 민감하게, 하나님 의식하며 살겠습니다.

6. 시험 들지 않게 하시니 감사. 장로(한 사람) 의식하며 하나님보다 더 크게 의식한 죄 용서해 주시고 깨닫게 하시니 감사. 자아(自我) 깨닫게 하시니 감사 - 자신이 놀람.

7. 사명(mission)을 주셔서 감사, 사명이 있는 자는 죽지 않음을 압니다. 감사합니다.

8. 내 뜻대로 마옵시고 아버지의 뜻대로 되게 하옵소서. 맡기게 하시니 감사합니다.

9. 걱정을, 염려를 하나님께 맡기게 하시니 감사합니다(건축, 미래).

10. 나를 발견하게 하시니 감사. 믿음 약함을 발견, 말만 앞서는 나를 발견, 믿음 주옵소서. 믿음 주셔서 감사.

11. 그나마 이만큼 의식(의지) 꺾이지 않게 하시니 감사.

12. 남보다 뛰어난 환경 주심 감사.

13. 늘 죄송(송구)스런 마음 갖게 하시니 감사.

14. 구원받게 믿음 주셔서 감사.

15. 다 망가지지 않게 하시니 감사.

16. 좋은 의사 만나서 처방받게 하시니 감사.

17. 좋은 약 먹으니 효험 보게 하시니 감사.

18. 시시때때로 하나님이 사람을 만나게 하시니 감사, 김상희 박사, 이성희 변호사, 정삼수 형님, 보내주셔서 감사합니다.

19. 예수의 피로 용서받게 하시니 감사합니다. 위대한 피, 권세 있는 피, 용서(머리끝부터 발끝까지) 그리고 조상의 죄까지, 죄의 뿌리까지 뽑아내고, 뱀의 대가리를 부서지게 밟고 갈아버리게 하

시니 감사 또 감사합니다.

20. 오늘 하루도 건강하게 일과를 시작하고 계획을 짜게 하시니 감사합니다.

21. 새날을 주심 감사합니다.

22. 가정예배를 드리게 하시니 감사합니다.

23. 악한 세력을 물리치게 하시고 예수의 피 권세로 이기게 하시니 감사합니다. 어둠의 영은 물러갈지어다.

24. 어둠의 영, 속이는 영, 음란의 영, 음주의 영을 이기게 하시니 감사합니다.

25. 성령님이 주신 생각, 긍정적 생각이 흐르게 하시니 감사합니다.

26. 아픔을 알게 하시니 감사합니다.

27. 지은이 합격(의전)선이 넘게 하시니 감사합니다.

28. 좋은 일이 일어날 듯합니다. 감사합니다.

29. 오늘도 하나님이 나를 기대하십니다

30. 작은 응답으로 살게 하시니, 하루 시작하게 하시니 감사합니다.

31. 건강 회복세를 주시니 감사, 감격합니다.

32. 많은 건강 도우미 붙여주심 감사합니다.

33. 나를 섬세하게 관리하게 하시니 감사합니다.

34. 나를 찾게 하시니 감사합니다.

35. 사은이 빨리 귀국하여 보고 싶은 딸을 보게 하시니 감사합니다.

36. 원수, 마귀의 정체를 알게 하시니 감사.

37. 영적 싸움에서 승리케 하시니 감사.

38. 어두운 정체를 파악하며 공격하게 하시니 어린 양 예수의 피(원 자탄)를 투하하게 하시니 감사합니다.

39. 나 하나 구원도 감사한데, 영혼 구원 사역에 올인하게 하시니 감사.

40. 영혼 구원에 영적 세계를 알게 하시니 감사.

41. 약한 것 노리는, 꼭 약한 것 노리는 악한 영은 한길로 왔다가 예 수의 피와 예수의 이름으로 결박되어 물러날지어다. 물러나게 하시니 감사합니다.

42. 또 다른 영적 세계를 알게 하시니 감사.

43. 장군(장군 같은 씩씩한 장사)되어 당당하게 이기게 하시니 감사.

44. 필요한 것 주시니 감사.

45. 사랑받게 하시니 감사.

46. 어느 것 하나 하나님의 손길 아닌 것이 없습니다. 하나님의 손 길 알게 하시니 감사.

47. 부족함이 없으리로다. 채워주시니 감사.

48. 섬세하게 회개하게 하시니 감사.

49. 잠을 잘 자게 하시니 감사.

50. 좋은 친구 주심 감사.

51. 승리, 기쁨, 행복하게 하시니 감사.

52. 서림교회, 사역의 장 주심 감사.

53. 수만 가지 복을 주셨습니다. 감사.

54. 오늘 하루를 기대(좋은 일이 일어난 것 같은)하게 하시니 감사.

55. 하나님 나라의 시각으로 보아라. 하나님 나라 시각으로 보게 하
    시니 감사.

56. 이성희 변호사와 연결해 주셔서 감사.

57. 피할 길(우리 주님) 주셔서 감사.

58. 마지막 안간힘을 다 쓰는 마귀를 이기게 하시니 감사.

59. 의사의 손을 통해 하나님 치유, 낫게 하시니 감사.

60. 좋은 일이 일어나리라는 기대 속에 시작하게 하시니 감사.

61. 평안함 주시니 감사.

62. 오늘같이 혼란(혼미)해도 잘 참게 하시니 감사.

63. 하나님, 이러한 컨디션(평안함) 주시니 감사.

64. 목마다, 길목마다 하나님의 사람 붙여주심 감사.

65. 의사 선생님, 전우택 박사님. 하나님의 사람 만나게 하심 감사.

66. 치유해 주시니 감사. 오늘도 크고 기이한 일이 있을 것을 기대

하게 하시니 감사.

67. 더 나은 조건, 치유를 허락해 주셔서 감사.

68. 옛날, 육적일 때와 관심사가 다르게 하심 감사. 순교자 문준경 전도사의 묘소를 찾아 감격하게 하심 감사. 순교는 아무나 하는 것 아니다.

69. 하나님 감사하게 하시니 감사.

71. 교인들의 좋은 사랑함이 엿보입니다. 감사.

72. 헌신, 무엇인들 양을 위해 다 하겠다는 결심 갖게 하시니 감사.

73. 찬송가에 기쁨 주심을 감사.

74. 민감이 좀 좋아지니 감사.

75. 회복될 기미 보이니 감사.

76. 계획(서울, 제주) 세우게 하시니 감사.

77. 선한 방법으로 해석하게 하시니 감사.

78. 위기는 위기인데 또한 하나님이 주신 기회다. 감사.

79. 초기의 상태, 치유가 보이게 하시니 감사.

80. 아름답고 복된 이 하루 주심 감사.

81. 주님의 시각으로 하나님 나라 보게 하심(생각하게 하심) 감사.

82. 하나님 힘든 중에도 하나님 의지하게 하시니 감사.

83. 사는 것이 내가 아닙니다. 하나님만 의지하며 살게 하시니 감사.

메모

84. 하나님을 부르며 애원하게 하시니 감사.

85. 약을 먹게 하시니 감사. 효험 되게 하소서.

86. 사탄을 찬송으로 이기게 하시니 감사.

87. 힘들 때 하나님 의지하니 감사.

88. 분명히 하나님의 섭리가 있음을 믿게 하시니 감사.

89. 사랑스런 성도들의 기도 들어주시니 감사.

90. 최윤배 목사, 이성희 변호사, 전우택 선생을 보내주셔서 감사.

91. 좋은 아내, 딸들 주셔서 정말 감사합니다.

92. 하나님 정말 감사합니다. 회복시켜 주시니 감사.

93. 감사를 찾으며 살게 하시니 감사.

94. 무사히 은혜 중에 마치게 하시니 감사.

95. 좋은 장로, 집사, 권사 붙여주시니 감사.

96. 복음주의 목회자 되게 하셔서 감사.

97. 예수의 피만 높이는 목사, 예수 이름만 높이는 목사가 되게 하시고, 예수의 피로 악한 영을 이기게 하시니 감사.

98. 이 땅을 살면서 지옥까지 경험하게 하시니 감사합니다. 지옥같은 삶을 사는 이들에게 복음 전할 사명 주시니 감사합니다.

99. 저는 예수 이름만, 예수의 피만 압니다 고백하게 하시니 감사.

100. 성경(말씀), 기도로 목회하게 하시니 감사합니다.

101. 마음에 있는 말씀 전하게 하시니 감사.

_2012년 중풍으로 쓰러진 후의 메모

질서의
회복자[1]

태초에 하나님이 천지를 창조하시니라. 땅이 혼돈하고 공허하며 흑암이
깊음 위에 있고 하나님의 영은 수면 위에 운행하시니라(창 1:1-2).

질서 회복이라고 하는 말은 무질서, 즉 혼돈이라는 전제 속에서
통용되는 말입니다. 주님의 소명을 받은 저로서는 이 일을 위해 지
금 연단과 훈련을 받고 있습니다만, 이 훈련의 과정을 마치고 주님
의 손에 쓰임을 받게 될 때 나는 과연 어떤 모습으로 이 백성들 속
에, 이 세대 속에 나타날 것인가를 고민하고 있습니다.

---

1 이 글은 필자가 1981년 호남신학교를 졸업한 후 전주대학교 불문학과 2학년 재학시
   절, 나주교회(정남교 목사 시무)의 주일 저녁예배에서 선포한 설교의 육필원고를 편
   집한 것이다.

그래서 평상시 저의 기도 제목이 '질서 회복자'입니다. 이러한 의미에서 오늘의 말씀은 주의 일을 하기 원하는 작은 한 사람의 신 앙고백적인 설교라는 데 주목해 주시기 바랍니다.

사람마다 느끼는 감정이 다르겠지만 제가 보는 20세기 말의 사 회현상과 사상의 흐름, 윤리적 상황은 엄밀히 말해 '무질서'라는 단 어로 표현할 수밖에 없습니다. 일일이 꼬집어 설명할 수는 없겠지 만, 오늘의 이 현실은 향락주의 사상과 물질만능주의 풍조, 그리고 인간의 말초신경을 자극하는 몽학 학문이 인간의 질서를 흔들어 놓 아버렸습니다.

어르신들은 물론이고 청소년들과 어린아이들까지 이 정신적 혼 돈 속에서 흐느적거리고 있다는 말입니다. 지금 이 시대는 질서가 필요한 시대입니다. 그러면 '질서'라고 하는 것이 무엇일까요?

질서는 있어야 할 것이 제 위치에 있는 것입니다. 이 꽃병이 테 이블에, 있어야 할 곳에 있는 것이 질서입니다. 제 위치에 없는 것을 가리켜 무질서라고 합니다. 질서의 반대가 무질서입니다. 질서 있는 가정, 질서 있는 국가, 질서 있는 교회, 질서 있는 개인이 되어야 할 것입니다.

우리는 구별된 존재입니다. 그리스도를 위하여 있어야 할 곳에 있어야 하고, 가야 할 곳에 가고, 먹어야 할 것만 먹어야 하는 존재입니다. 인간 위에 하나님이 계시고, 인간의 밑에 물질이 위치하는 것, 그것이 참 질서입니다.

하나님은 질서의 회복자

오늘 본문은 태초에 하나님이 천지를 창조하셨다는 선언과 함께 하나님이 천지를 창조하시던 당시의 상태를 기록하고 있습니다. 본문 2절에 보면 그 상태를 땅이 혼돈하고 공허하며, 흑암이 깊음 위에 있었다고 묘사합니다. '혼돈'이라는 형식(form)이 없는 상태를 가리킵니다. 폼이 존재하지 않는 상태는 암흑입니다.

하나님이 없는 세상, 하나님 없는 사회, 하나님 없는 인간 각 개인은 폼이 존재하지 않는 상태입니다. 그런 의미에서 우리에게는 영적인 폼이 필요합니다.

하나님의 창조는 곧 만물에 폼(form)을 주시고, 질서를 부여하신 것입니다. 그런데 그 질서를 파괴하고 깨뜨린 존재가 인간입니다. 인간들은 끊임없이 하나님의 질서를 파괴해왔습니다. 그럼에도 불구하고 하나님은 인간을 사랑하셔서 그 질서를 회복하기 원하십니다.

하나님이 함께하는 사회는 질서가 회복됩니다. 하나님이 함께하는 민족은 질서가 바로 섭니다. 하나님이 함께하는 가정은 질서가

정연해집니다. 하나님이 주인 되시는 교회는 질서가 흐트러지지 않습니다.

내가 살 길! 우리 가정이 살 길! 우리 민족이 살 길! 이 도성이 사는 길! 모두 하나님을 모시는 작업에 달려 있습니다. 지금은 우리에게 여호수아 장군의 고백이 필요할 때입니다. "너희가 오늘 섬길 자를 택하라. 오직 나와 내 집은 여호와를 섬기겠노라!"

예수 그리스도는 질서의 회복자

오늘날 수많은 사람이 예수 그리스도를 잘못 이해하고 있습니다. 예수 그리스도를 잘못 알 때 나와 여러분은 가장 불쌍합니다. 어떤 사람들은 말하기를 예수 그리스도는 신이시며 이 땅에 와서 인간이 할 수 없는 일만 하고 결국 신비스럽게 죽고 부활했다고 합니다. 맞습니다.

그런데 여러분! 예수님은 물론 신비스러운 일을 많이 하신 분입니다만, 지독하리만큼 질서를 사랑하고 질서회복을 위해 눈물을 흘리신 분입니다. 하나님의 아들로서 인간의 육체를 통해 오셨으며, 3년이라는 세월 동안 구속사역을 펼치시기 위해 지루한 세월 30년을 연단 받고 인격을 도야하며 생활하셨습니다.

예수님의 생애 속에는 웃었던 장면보다는 우셨던 장면이 더 많습니다. 왜 예수님은 눈물을 흘리셔야 했습니까? 젊은이들 생각해 보세요! 예수 그리스도는 이 땅에 오셔서 그 시대의 조류에 편승해 함께 흘러가지 않으셨습니다. 그분은 생명력 있게, 주체의식을 가지고 하나님 나라를 선포하며 그 나라를 위한 길이 되셨습니다.

예수 그리스도의 십자가 죽음은 질서회복의 결정적 사건이라고 할 수 있습니다. 영적으로 하나님과 교통할 수 없는 인간들을 위해 친히 다리가 되셔서 영적 질서를 회복시켜 주셨습니다.

성도는 질서의 회복자

하나님은 인간을 통하여 이 땅의 질서를 회복하십니다. 구약의 이스라엘 백성이 애굽에서 포로생활을 할 때 그들 가운데서 영적질서를 회복한 사람은 모세였습니다. 그 이후 많은 선지자와 주의 백성들이 나타났습니다. 엘리야와 엘리사, 이사야, 예레미야, 에스겔, 다니엘 등 많은 선지자는 그 시대의 질서 회복자였습니다.

신약시대에도 그런 영적 질서의 회복자들이 있습니다. 그 유명한 사도 바울과 베드로, 요한, 누가, 디모데, 마태 등등 수많은 사도와 전도자, 하나님의 사람들이 성령의 능력을 받아 그 시대의 무너진 질서를 회복했습니다.

오늘 이 시대의 질서를 회복하는 회복자들은 누구입니까? 바로 예수 그리스도를 모시고 질서 있게 살아가는 저와 여러분입니다. 우리는 함께 느끼지만 모두 질그릇같이 연약한 인생들입니다. 그러나 우리가 모신 그리스도는 강하기 때문에 우리는 능력과 힘 있는 자로서 이 땅의 질서를 회복하는 일에 동참할 수 있습니다.

이집트 왕자가 모세가 되기까지 미디안 광야에서 40년의 세월이 필요했습니다. 사울이 바울이 되기까지 아라비아 광야에서 3년의 침묵과 연단의 시간이 필요했습니다. 목수의 아들로 태어난 예수 그리스도는 30년의 수양 과정을 통해 하나님께서 주신 사명을 이루는 질서의 회복자가 되셨습니다.

오늘 우리의 신앙훈련은 교회생활을 통해, 예배를 통해 이루어지고 있습니다. 우리 모두 말씀으로 무장하여 질서회복에 앞장설 수 있기를 원합니다.

여러분이 질서의 회복자입니다

모든 사람이 다 느끼는 것은 세상이 겉으로는 평화롭고 행복한 세상인 듯하지만, 사실은 회칠한 무덤과 같이 안으로는 질투, 수근

거림, 눈흘김, 협박, 질투, 시기가 가득하다는 것입니다. 지금도 이 지구상에는 서로 총을 겨누고 싸우는 피비린내 나는 전쟁이 벌어지고 있습니다. 우리는 20세기 말에 벌어지고 있는 참극을 보며 안타까워하고 슬퍼합니다.

그래서인지 알 수 없지만, 질서 회복을 갈구하는 사람들이 많고, 그것을 갈구하는 목소리가 여기저기서 들려옵니다. 질서를 위해서 법이 있고, 교도소가 있건만, 점점 더 끔찍하고 심각한 범죄 사건들이 더 자주 일어나고 있지 않습니까?

여러분! 정신 차리지 않으면 깜짝할 사이에 우리도 이 세상의 조류 속에 먹혀들어 함께 망하고 맙니다. 비가 온 후 홍수가 나 냇가에 흙탕물이 흐르면 썩은 막대기와 종잇조각 등 온갖 잡동사니가 흙탕물과 함께 떠내려갑니다. 그러나 생명력 있는 물고기는 함께 흘러가지 않고 그 냇가를 거슬러 올라가 제 갈 길을 갑니다.

오늘날, 이 썩어지는 시대의 조류들 예컨대 흥미와 오락, 성적 쾌락, 물질중심주의 등에 휘말려 함께 흘러가지 말고 생명력 있는 질서의 회복자가 됩시다. 무질서한 이 세상에서 허우적거리고, 방황하고, 공허해하고, 혼돈 속에 있는 저들을 위해 질서 회복자로 우리를 부르셨습니다.

성도 여러분, 하나님은 질서의 회복자이십니다. 예수 그리스도도

질서의 회복자로 이 땅에 오셨습니다. 그리스도를 모신 우리는 모두
질서의 회복자입니다. 하나님과의 영적인 교류를 통해 질서를 회복
하고, 질서의 회복자로서 우리의 자리를 지킬 수 있기를 원합니다.

우리의
만남[2]

내가 밤에 침상에서 마음으로 사랑하는 자를 찾았노라 찾아도 찾아내지
못하였노라. 이에 내가 일어나서 성안을 돌아다니며 마음에 사랑하는 자
를 거리에서나 큰길에서나 찾으리라 하고 찾으나 만나지 못하였노라. 성
안을 순찰하는 자들을 만나서 묻기를 내 마음으로 사랑하는 자를 너희가
보았느냐 하고 그들을 지나치자마자 마음에 사랑하는 자를 만나서 그를
붙잡고 내 어머니 집으로, 나를 잉태한 이의 방으로 가기까지 놓지 아니
하였노라. 예루살렘 딸들아 내가 노루와 들사슴을 두고 너희에게 부탁한
다. 사랑하는 자가 원하기 전에는 흔들지 말고 깨우지 말지니라(아 3:1 -
5).

---

2 이 글은 필자가 서림교회의 청빙을 받아 부임하던 주일에 성도들을 향해 선포한 첫 번
째 설교의 원고를 정리한 것이다.

우리 인간은 태어나면서부터 죽기까지 수많은 만남의 연속선상에 서 있습니다. 만났다가 헤어지고, 헤어졌다가 또 만나는 반복적인 삶을 산다는 말입니다. 사상가 마틴 부버는 인간에게 세 가지 형태의 만남 관계가 있다고 하였습니다.

첫째는 일방적으로 접근해 가는 만남입니다. 사람과 자연 만물과의 만남입니다. 만물이 우리에게 다가오는 것이 아니라, 우리가 다가서서 붙들려고 하는 일방적 접근이라 하겠습니다.

둘째는 '나와 너'의 인격적 관계가 있는 사람과 사람의 만남입니다. 여기에는 밀고 밀리며, 끌고 끌리는 끈끈한 것들이 끼어듭니다.

셋째는 일방적으로 다가오는 만남입니다. 사람과 하나님과의 만남이 여기에 속합니다. 구름에 쌓여있는 것 같아도 하나님이 스스로 보여주시고 다가오실 때만 감지할 수 있는 대면입니다.

여러분, 오늘 우리의 만남은 사람과 사람의 만남이며, 동시에 하나님을 향해 열려 있는 성도들의 만남입니다. 저는 오늘 이와 같은 우리의 만남을 얼마나 기다려 왔는지 모릅니다. 밤잠을 설치며 긴장하기도 했고, 하나님 앞에 무릎으로 살아야 할 때도 있었습니다. 오늘 이 시간을 위해 오랜 인내가 필요했었고, 장거리의 배움과 연단의 여정을 달려와야 했습니다. 모르기는 하지만 아마도 여러분 역시 많은 기대와 기다림으로 오늘을 준비해 오신 줄 압니다.

이런 우리의 만남 이야기를 잘 대변해 주는 내용이 오늘 본문 아
가서의 말씀입니다. 우리가 알고 있듯이 솔로몬의 아가서는 술람미
여인과 솔로몬 간의 세기적 로맨스가 담긴 사랑의 만남을 노래하고
있습니다. 두 연인 간의 극적인 만남의 장면이 나와 여러분에게 몇
가지 중요한 진리를 가져다줍니다.

간절한 만남

1절에서 3절까지의 내용을 보게 되면 한 여인이 신랑을 애타게
그리워하며 찾고 있는, 간절한 모습이 나타납니다. 큰 성안을 돌아다
니면서 지나가는 사람들에게 "그 사람을 보았느냐?" 묻기도 하였고,
2절에는 밤중에 일어나서 성 가운데로 돌아다녔다고 하였습니다.

솔로몬 시대의 풍습으로 보아서 깊은 밤에 여인이 돌아다닌다는
것은 매우 이례적인 행동입니다. 여인이 밤중에 돌아다니는 것은 매
우 위험하고도 어려운 일이기 때문입니다. 아마도 솔로몬을 만나려
는 술람미의 간절한 마음이 이런 어렵고 위험한 일을 시도했다고 보
입니다.

여러분 이처럼 간절한 만남의 배후에는 어떤 위험이나 모험도
마다하지 않는 행동이 따르는 것 같습니다. 이 여인의 모습 속에서

오늘 우리의 모습을 보는 듯합니다. 하나의 만남 속에는 모험과 어려움도 따르는 법입니다. 그리고 용기와 위험도 뒤따릅니다.

그러나 본문에 나타난 여인의 행동이 그러하듯이 우리가 서로 간절히 원했던 만남이기 때문에 어떤 위험이나 어려움도 큰 거침이 없다는 말입니다. 간절히 그리워했던 만남은 후회가 없는 만남이며, 서로에 대한 존중과 신뢰만 존재합니다.

제가 대단히 미안하게 생각하는 한 가지가 있습니다. 아직 여러분의 마음과 생각을 모르고 있기에 오늘의 말씀이 저의 일방적 외침으로 끝나버리지 않을까 두려운 마음입니다. 다만 저의 영적 감각으로는 여러분이 저를 간절히 기다렸으리라 생각됩니다.

여러분, 우리의 만남은 하나님 앞에 가장 소중하고 간절한 만남이어야 합니다. 그리고 아가서가 쓰인 목적이 그러하듯이, 하나님을 향한 우리의 마음에 그분을 그리워하고 간절히 사모하며, 애타게 찾는 목마름이 있기를 바랍니다.

마음에 사랑하는 자와의 만남

본문 1절에는 "마음에 사랑하는 자를 찾았다"고 했고, 2절에서는 "마음에 사랑하는 자를 찾으리라"고 하였습니다. 그리고 3절에는 "내 마음에 사랑하는 자를 보았느냐"고 하였고, 4절은 "마음의 사랑하는 자를 만나서", 그리고 5절에는 "사랑하는 자가 원하기 전에는 깨우지 말라"고 기록되어 있습니다.

이상의 말씀에서는 술람미 여인이 솔로몬을 얼마나 사랑하고 있는지를 잘 알 수 있습니다. 사랑하기 때문에 어떤 수고도 피하지 않으려 했던 여인의 열정이 잘 드러나 있습니다. 여인이 노래한 본문의 모든 고백은 사랑을 전제로 하는 것이었기에 전혀 위선이 아님을 볼 수 있습니다.

사랑하는 마음이 없으면 우선 만나기가 싫습니다. 그리고 상대방의 약점과 허물이 드러나 보입니다. 그러나 사랑하는 마음이 지배할 때는 항상 만나고 싶어지며 모든 허물마저도 감추어지는 법입니다.

여러분, 우리의 만남은 '사랑하는 이들'의 만남이어야 합니다. 우리에게 사랑이 전제될 때 슬픔도 어려움도 같이 나눌 수 있고, 서로를 위해 희생과 봉사만이 따를 것입니다. 사랑하게 되면 미운 일을 해도 예쁘게 보이고, 사랑하지 않으면 예쁜 일도 밉게 보일 뿐입니다. 사랑에는 미움의 눈을 감기게 하는 속성이 있습니다.

사도 요한이 설파했듯이 우리는 서로 사랑해야 합니다. 이것은 성도들의 의무이며 필연입니다. 왜냐하면 주님께서 우리를 사랑하셨기 때문입니다. 그래서 우리는 서로 위로하며 격려하고 사랑해야 합니다.

저의 목회 신념 세 가지 중의 하나가 '사랑'입니다. 성격상 남이 듣기 싫은 소리를 잘하지 못하기도 하지만, 사랑하는 마음처럼 더 이상 소중한 것이 없다고 생각됩니다. 술람미 여인에게서는 사랑하는 자 때문에 위험과 두려움이 사라지고 애쓰는 모습만이 나타납니다.

우리의 만남은 사랑하는 자들의 만남이어야 합니다. 이 사랑은 바로 하나님의 뜻이며 명령이기도 합니다. 우리 서림교회는 서로 사랑하고 화목한, 지상의 교회를 대표하는 표본이 되기를 바랍니다.

영원한 만남

5절 말씀에 "예루살렘 여자들아 내가 노루와 들사슴으로 너희에게 부탁한다. 사랑하는 자가 원하기 전에는 흔들지 말고 깨우지 말지니라"고 했습니다. 술람미 여인은 솔로몬과의 사랑의 만남을 그 어떤 다른 요인으로 인해서 깨어지지 않기를 바라고 있습니다.

4절 말씀 역시 "그를 붙잡고 놓지 않으려는" 강한 의지가 엿보입니다. 여기에는 술람미 여인의 고결한 정신이 나타나 있고, 한 번 만난 사람은 영원히 간직하려는 애틋한 모습이 보이고 있습니다.

우리는 여기에서 술람미 여인과 솔로몬 사이를 방해하는 어떤 다른 요소도 용납되지 않음을 알게 됩니다. 이 내용은 물론 하나님과 우리와의 만남을 은유적으로 표현한 말씀입니다. 하나님과 우리 사이의 만남을 그 어떤 세상적인 다른 것들이 방해할 수 없음을 암시하고 있는 내용입니다.

성도와 성도의 만남은 예수 그리스도만이 연결 고리가 되어 줍니다. 우리는 예수님 때문에 만난 사람들입니다. 사업 때문에 만난 사람은 사업이 깨질 때 흩어지고 맙니다. 군대에서 만난 친구는 제대 후에 거의 헤어져 버립니다. 계모임에서는 곗돈이 연결고리입니다. 동창모임은 동창 아닌 사람들이 끼어들 수 없습니다.

이렇듯 기독교는 예수 그리스도가 중계자라는 말입니다. 예수 그리스도께서 영원하시기에 우리의 만남은 영원한 것입니다. 그래서 우리의 만남은 지상에서만이 아니라 하나님 나라에까지 영원한 것입니다. 저와 여러분과의 만남, 그리고 성도들의 만남도 예수 그리스도로 인해 영원한 만남입니다.

그동안 저는 복음과 신학을 선지 생도들에게 가르치다가 여러분의 부름을 받아 이곳에 왔습니다. 예수님 때문에 제가 이곳에 서게된 것이고 그 외엔 아무것도 없습니다. 우리의 만남에 대한 관계 설정은 곧 예수 그리스도입니다.

예수로 인하여 우리의 만남은 영원까지 지속될 것입니다. 예수님은 영원하시기 때문입니다. 이러한 우리의 소중한 만남과 관계 속에 그 어떤 인간적이고 세상적인 방해 요소가 개입될 수 없습니다. 앞으로 저는 여러분 앞에 나아가거나 서게 될 때 오직 그리스도의 복음을 가지고 나아갈 것입니다.

복음을 위해 부름 받았고, 복음을 위해 이곳에 왔기 때문입니다. 제가 전하는 신령한 복음으로 인하여, 여러분의 삶과 생활이 풍요로워지기만을 바랍니다.

사랑하는 성도 여러분, 우리의 이 만남을 위해 쌍방 간의 노력이 필요합니다. 우리의 이 고결한 만남 사이에 예수만이 나타나기를 바랍니다. 더욱이 예수 안에 있는 우리 모든 성도는 영적 남편이신 예수 그리스도와의 영원한 교제가 이루어져야 합니다.

날마다 사는 우리의 삶의 초점은 예수 그리스도와의 좀 더 가깝고 깊은 만남으로 연결되어야 합니다. 예수 그리스도의 몸 된 지상의 서림교회 모든 가족은 이 땅 위에 모여진 그리스도의 형제적 공동체의 만남이며 이것은 영원한 나라로 이어지는 만남입니다.

제2차 세계대전 당시 히틀러에게 저항하다 감옥에 갇혀서 옥사 순교하신 본회퍼 목사는 그의 책 『성도들의 공동생활』에서 다음과 같이 말하고 있습니다.

성도들의 만남은 직접적인 만남이 아니라 예수 그리스도를 통한 간접적인 만남이어야 한다.

비기독교인들의 만남은 인간 대 인간이라는 직접적인 만남이기 때문에 서로에게서 질투와 흠을 직접 발견하지만, 기독교인들은 상대방을 알되 예수 그리스도를 통해서 앎으로 인간적인 욕심과 질투가 끼어들지 않는다.

여러분, 우리의 만남은 예수 그리스도를 통해 영적 관계를 맺는 간접적인 만남으로서 하나님을 향한 간절함이 있는 열정적인 만남입니다. 동시에 하나님을 사랑하는 자들의 만남이며 영원까지 지속될 만남입니다. 오늘 우리의 만남이 참으로 소중하게 간직될 간절하고도 영원한 만남이 되길 바랍니다.

제3부

목양자의 편지
(목회서신)

절망의 해를
선교의 해로

1998년 새해 목회서신

사랑하는 서림가족 여러분!

우리는 지금 국정의 혼란과 경제 파국이라는 한국 사회의 대 지진을 맛보며 한국인의 자존심을 구기는 참담한 상황에 처해 있습니다. 오리무중의 불확실한 미래를 내다보며 어두운 그림자, 회색빛 인생들을 만나게 됩니다. 엊그제 맛보았던 축제의 분위기는 사라지고 고개 떨군 한탄의 소리만 들립니다.

하나님의 역사는 참으로 오묘합니다. 우리로 하여금 인간 지도자에 대한 엄청난 희망과 기대를 포기하도록 하셨습니다. 그토록 즐

걸어 다니는 **진흙 덩어리**

기고 허비하던 물질에 대하여도 너무 과신하지 말도록 경험하게 하셨습니다. 우리 기독자는 천지 만물을 창조하신 전능하신 하나님을 믿는 자들입니다. 그러므로 오늘의 난국을 난국으로만 보는 자들이 아닙니다. 하나님의 또 다른 섭리가 있음을 굳게 믿는 자들입니다. 여기에 우리의 희망이 있습니다.

아시다시피, 지난 한 해의 침울했던 사회현상과는 달리, 51년 역사의 서림교회는 비약적인 발전을 실감하는 해였습니다. 이것은 순전히 하나님의 은총이며, 인생을 초월하여 섭리하시는 자를 믿는, 온 교우들의 기도와 헌신의 결과라고 생각합니다. 우리 교회는 청장년 1,400명을 넘는 주일 예배 출석이 정착되었고 취약했던 청년 주일예배(4부)의 활성화 및 중·고등부와 아동부의 부흥이 눈에 띄게 덧보였던 해였습니다.

이와 같은 교회의 양적 증가와 더불어 질적 성장을 도모했던 성경공부(화요일, 목요일, 금요일)가 뿌리내리고 기도와 전도하는 교회로서의 면모를 갖추어 가기 시작하였습니다. 더욱이 교회 밖으로, 포항중앙교회와의 자매결연을 비롯하여, 23개처 미자립교회 보조와 국내외 선교에 힘을 기울인 바 있습니다.

사랑하는 성도 여러분!

21세기를 이끄는 서림교회의 위상을 위하여, 1998년은 '선교의

콩고 선교

해'가 되어야 합니다. 하나님의 교회는 선교를 위하여 존재하리만큼 소중한 일이 아닐 수 없습니다. 이 일을 위하여 우리 교회는 세계의 오지로 선교사를 파송하게 됩니다. 온 교우들의 기도와 선교헌금으로 보내게 되는 이 경사스런 일에 최선을 다해야 할 것입니다.

그뿐 아니라 우리 교회는 2,000년을 앞당겨 청장년 출석교인 2,000명을 목표로 '태신자 전도운동'을 전개합니다. 여기에 대비한 교회의 모든 자치단체와 구역편성을 재정비하였습니다. 여러분의 기도와 헌신 없이는 어느 것 하나라도 성사될 수 없다는 것을 기억하셔서 바짝 긴장하는 한 해가 되었으면 합니다.

성도 여러분!

서림교회는 이제 옛날의 고정관념이 깨어지기 시작하였고 무엇이든지 성경의 원리대로 실천하면 된다는 확신을 얻게 되었습니다. 교회의 모든 관심이 선교와 교육, 그리고 이웃사랑으로 모아지면서 왕성한 활기를 찾은 것입니다. 이러한 추세라면 정체현상을 빚는 오늘의 한국 교회에 신선한 충격을 줌과 동시에 가장 모범적인 장로교회의 위상을 보여 주리라 확신하는 바입니다.

우리가 실감하고 있는 것은 우수한 차세대 인재들이 대거 몰려오고 있다는 것입니다. 이들은 우리의 품, 그리스도 안에서 양육 받아야 할 21세기 주자들입니다. 이들에게 아낌없는 투자를 하여 이들로 하여금 이 사회와 민족을 이끌어 가도록 전폭적인 관심을 쏟아야 합니다.

앞으로는 지엽적이거나 지교회 제일주의라는 유아기적 신앙방식은 더 이상 통하지 않는 시대가 도래할 것입니다. 그러므로 서림의 가족들은 옹졸하지 아니하며 범 세계적이고 우주적 신앙을 토대로 지구촌 모두를 선교지로 삼을 것입니다.

오늘의 세속문화에 강타당해 비틀거리는 교회들에게 하나님의 방법으로 새롭게 태어나는 방법을 가르쳐 주는 서림교회가 되어야 합니다. 밀려오는 세상의 조류를 역류시키는 유일한 길은 오직 선교하는 교회로서만이 가능하다는 것을 보여주어야 합니다.

끝으로 21세기 사회를 이끌고 압도하는 교회가 되려면, 서림교회가 예수의 옷을 입고 예수 정신에 사로잡혀야 한다고 봅니다. 세상 속의 소외 계층과 병든 자를 향해서 활짝 열려진 교회가 되어야 합니다. 교회의 담을 낮추고 사회를 향해 빛과 소금으로 나아가야 합니다.

서림교회를 향하신 하나님의 뜻이 속히 성취되기를 기도하며, 여러분의 가정과 사업, 직장에 하나님의 평강이 함께하시길 바랍니다. 1998년은 서림가족이 활개치고 승리하는 대단한 한 해가 될 것입니다.

걸어 다니는 **진흙 덩어리**

네 장막터를
넓히라

2005년 새해 목회서신

사랑하는 서림가족 여러분, 주 안에서 여러분을 사랑합니다.

새해는 여러분의 못다 이룬 꿈을 실현해 가는 한 해가 되시기 바랍니다. 지나온 날들이 아쉽고 힘들었다면 다가오는 날들은 보람과 활력이 넘쳐나야 합니다. 우리가 기왕에 하나님께 잡힌 바 된 몸이라는 것을 확신한다면, 그 확신하는 바를 꼭 붙들어서 하나님이 주시는 수만 가지의 혜택과 복을 누리시기 바랍니다.

성도 여러분, 2005년도는 교회적으로 의미 있는 해가 될 것입니다. 어떤 방식으로든지 장막터 확장의 비전을 실현해 갈 것이며 교회창립 60주년을 준비하려고 합니다. 교회가 성장하고 확장되면서 서림가족의 삶 또한 흥왕하리라 확신하기 때문입니다. 정확히 10년 전 서림교회에 부임해서 50주년을 준비하던 생각이 납니다. 헤아릴 수 없이 다가오는 설렘과 감동 때문에 많이 웃고 울었던 순간들이 지금 생생하게 기억납니다.

우리 교회의 당회는 금년에 현재의 예배당 터전에 미래지향적인 예배당을 새롭게 단장하기로 결정한 바 있습니다. 하나님께서 저와 여러분에게 힘을 주신다면 충분히 감당할 수 있으리라 확신합니다. 예배당을 새롭게 넓히는 과정에서 여러분에게 임하실 하나님의 복을 기대하면서 함께 기도하기를 원합니다.

수많은 간증과 생생한 하나님 체험의 날들이 우리를 기다리는 2005년입니다. 서림가족 여러분, 지금까지 지내 온 것은 하나님의 크신 은혜이지만 앞으로 인도하시고 간섭하실 하나님의 은혜를 바라보며 담대하게 앞만 바라보고 나아가셔야 합니다.

좌로나 우로나 흔들리지 않으며 어떠한 형태로든지 새로운 일감을 찾아 최선을 다해 경주해 가다 보면 '때가 되어' 하나님이 이루어 주실 것입니다.

물고기가 물을 떠나 존재할 수 없듯이, 하나님을 떠난 우리의 존재는 생각할 수도 없습니다. 새해의 문을 열면서 여러 계획과 다짐을

걸어 다니는 **진흙 덩어리**

하시되 반드시 하나님과 관련하여 기도하며 세우셔야 합니다.

'주일성수, 십일조 생활, 교회 봉사'는 성도의 의무입니다. 동시에 하나님의 자녀가 된 도리며 이러한 사람은 하나님께서 결코 방치해서 버려두지 않으십니다. 불꽃 같은 눈으로 지키시며 이 땅에서 창대케 하시는 은혜를 그에게 부어 주실 것입니다.

성도 여러분, 성도에게는 저마다의 아픔이 있고 십자가가 있는 법입니다. 그러므로 환경이 열악하다고 불평하면 안 됩니다. 각자 자기의 십자가를 지고 영광의 그날을 바라보며 힘차게 살아가셔야 합니다.

서림교회는 꿈이 있는 교회입니다. 미래가 보이는 좋은 교회의 한 가족이 되었음을 감사하면서 어깨를 펴고 당당하게 살아가시기 바랍니다. 저를 비롯한 우리 사역자들은 여러분을 위하여 존재하므로 항상 여러분을 섬기는 친절한 모습을 잃지 않겠습니다.

2005년이 우리 서림가족의 해가 되길 바라며 무거운 짐은 주께 맡겨 버리고 가벼운 마음으로 출발하시기 바랍니다. 하나님은 여러분을 기대하십니다. 그러므로 하나님을 전적으로 의지하십시오.

여러분의 가정과 삶의 자리에 우리 하나님이 동행하신다는 것을 잠시라도 잊지 마시고 저마다 대성하시는 새해가 되시기 바랍니다.

주님의 이름으로 여러분을 축복하며 사랑합니다.

교회창립 60주년을
맞이하며

2006년 새해 목회서신

"오늘부터는 내가 너희에게 복을 주리라"(학개 2:19 하)

사랑하는 서림가족 여러분, 새해 복 많이 받으십시오.

서림교회와 저는 온 교우들이 행복하고 형통하게 살기만을 고대
하고 있습니다. 부족하나마 여러분의 형편과 삶의 자리를 폭넓게 이
해하려고 힘쓰는 목회자가 되려고 합니다. 인간적인 화려함이나 어
떤 과시나 술책은 없어도, 단순하면서도 거역할 수 없는 하나님 말
씀만을 의지하여 영혼의 잘됨과 기름진 생활을 하도록 기도할 것입

걸어 다니는 **진흙 덩어리**

니다.

여러분을 위해 하나님께 간구할 때마다 한 가지 분명한 사실은 (감히 표현합니다만), 이제부터 임하실 하나님의 풍성한 복이 준비되어 있다는 것입니다. 새해부터 받으실 은총과 축복을 기대하시며 용기 있게 출발하시기 바랍니다.

10여 년 전 제가 부임한 이래 큰 과오없이 교회가 든든히 서가고 부흥하는 교회로 소문난 것은 순전히 하나님의 은혜이고, 다음은 우리 장로님들과 온 교우들의 믿음 있는 선택과 결정의 결과라고 생각합니다.

아무리 생각해 보아도 그동안 제가 한일은 별로 없습니다. 경험도 없었고 용기도 부족하였습니다. 오히려 하나님의 능력을 가로막지나 않았는지 부끄럽기만 합니다. 지금부터 미력하나마 저의 목회 여력과 온 힘을 다해 제물이 될까 합니다. 하나님께서 받아 주시기를 소원합니다.

오래된 교회가 부흥한다고 하는 것은 한국적인 상황에서 극히 드문 일입니다. 특히 아동들과 청소년층이 대거 이탈 현상을 맞이한 시대이기도 합니다. 이런 분위기와는 달리 서림교회는 엄청난 아동들과 젊은이들이 몰려오는 교회가 되었습니다. 이것은 하나님께서 우리 교회에 주신 최고의 기회이며 축복입니다. 왜 우리에게 이런 기회와 축복을 허락하셨을까요?

50주년 당시 서림교회는 하나님을 기쁘게 해드린 적이 있습니다. 첫째는 교회 내적으로 태신자와 고구마 전도운동을 전개하였고, 둘째는 국내 차원의 선교로서 '열린교회'를 개척하여 자립하게 하였으며, 셋째는 세계선교의 일환으로 아프리카 콩고민주공화국에 선교사를 파송하여 '라무르교회'를 설립함으로서 킨샤사(수도)의 중심 교회가 되게 하였습니다. 아무리 생각해 보아도 이런 일들은 우리가 참 잘한 일이며 하나님을 기쁘게 해드린 일이었습니다.

이제 서림교회는 60주년을 맞이하였습니다. 10년 전에 비하여 교세가 엄청나게 증가하였습니다. 아시다시피 주차장이 불편하고, 유아실 및 교육 공간과 예배실이 협소한 상태입니다. 오늘의 교인들은 매우 영리하여 편리함을 좋아합니다. 우리 교회보다 시설과 공간이 좋은 교회로 몰려들고 있다는 것입니다.

그렇다면 우리는 너무 늦장을 부렸음을 인정해야 합니다. 우리 교회를 잘 아는 목사님들은 입을 모아 지적합니다. 소프트웨어(성도)는 왕성한데 하드웨어(시설)는 포화상태라는 것입니다.

그렇습니다. 이제 더 이상 미룰 일이 아닙니다. 60주년을 계기로 복 받을 일을 시작합시다. 일차적으로 교회 부지확장과 신앙 활동공간을 넓혀 갑시다. 그리고 60주년 기념 교회를 개척했으면 합니다.

걸어 다니는 **진흙 덩어리**

마지막으로 세계선교(의료선교)를 통해서 주님의 지상명령에 순종하기 원합니다.

여러분에게 헌금 부담과 염려를 끼칠 의도는 추호도 없습니다. 하나님의 일은 믿음으로 하는 것이기 때문입니다. 믿음의 분량대로 자원하는 마음으로 협력하시기 바랍니다.

하나님은 우리 각자의 믿음의 그릇(분량)만큼 채워주시고 응답해 주실 것입니다. 저는 목회자로서 여러분이 복 받는 최고의 기회를 제공할 뿐 나머지는 각자에게 달려 있습니다.

사랑하는 성도 여러분!

60주년은 서림교회 교우들에게 임하는 최고의 축복의 해가 될 것을 확신하며 기대합니다. 지난 2천여 교회 역사 속에, 하나님을 기쁘게 하다가 망한 사람은 하나도 없습니다. 오히려 엄청난 축복 속에 받은바 은총을 간증하는 사람들뿐입니다.

지난 10년 동안 여러분을 위해 기도했던 저의 기도의 응답이 여러분을 통해 이루어지기를 기대하며 새해를 엽니다. 60주년을 맞이한 우리 교회는 각종 기념행사로 끝나는 교회가 아니라 하나님을 기쁘게 해드림으로써, 하나님이 부어주시는 축복의 물꼬를 트는 해가 되기를 희망합니다.

여러분을 많이 사랑합니다. 그리고 주님의 이름으로 축복하니

다. 모두 건강하시고 새롭게 일어나 빛을 발하는 새해가 되기를 기
도합니다.

새 길을 여시는
하나님

2007년 새해 목회서신

사랑하는 성도 여러분!

새해엔 더 건강하시고 행복하시기 바랍니다. 금년에 부어 주실 하나님의 은총을 생각하니 가슴이 설렙니다. 지난 한 해도 이 모양 저 모양으로 복을 받았지만, 올해는 더욱 넘치는 복을 받으시기 바랍니다. 복은 아무에게나 임하는 것이 아닙니다. 복 받을 그릇이 준비된 만큼만 채워지고 받게 되는 것입니다. 성경에는 "네 영혼이 잘 되고 범사가 잘 된다"고 말씀하고 있습니다.

먼저는 우리의 영적 삶이 기름지고 즐거워야 합니다. 우리가 먼저 추구해야 할 삶은 즐거운 신앙생활을 하는 것입니다. 목양자인 저는 지금까지 여러분의 아름답고 행복한 삶만을 생각하며 달려왔고 또 달려갈 것입니다. 저에겐 교회당 건물이나 목회 프로그램보다 여러분 한 사람 한 사람이 더 소중하고 귀하기만 합니다. 바로 이것이 우리 주님의 마음이기 때문입니다.

우리 교회는 수년 전부터 '장막터 확장'이라는 교회 표어를 놓고 기도하고 있습니다. 우리 성도들이 혹시 오해하거나 시험에 드는 성도들이 있지 않을까 얼마나 고심하며 기도해 왔는지 우리 하나님이 저의 증인이십니다.

성경에서 '장막터'나 '처소'는 오늘의 교회를 가리키고 있습니다. 교회당인 성전도 중요하지만, 교회, 즉 예수 믿는 사람들이 더 소중한 것입니다. 그러므로 장막터 확장은 곧 우리 교우들의 확장이며 교우들의 흥왕을 의미하는 것임을 기억하시기 바랍니다.

교회의 부흥은 여러분의 부흥이며, 교회의 확장은 여러분의 확장이라는 뜻입니다. 그러므로 서림교회 장막터 확장과 함께 여러분의 삶의 터전과 가정과 직장과 사업장의 확장을 기대하셔야 합니다. 금년은 서림교회 장막터 확장의 결정적 응답의 해가 되리라는 확신과 함께 하나님의 비밀한 인도하심의 손길을 기다리며 감사와 찬송을 드립니다.

걸어 다니는 **진흙 덩어리**

사랑하는 성도 여러분!

우리는 지난해 교회창립 60주년을 너무나 알차고 보람 있게 마
감하였습니다. 창립 60주년 기념 뮤지컬 공연과 함께 개척교회 설
립은 하나님을 기쁘시게 해드리는 최고의 일이었습니다. 정말 잊지
마십시오. 이제 우리 하나님은 서림교회의 온 성도들의 마음과 영혼
과 삶의 장막터를 넓혀 주시되 넘치도록 확장해 주실 것입니다. 금
년 한 해 동안 하나님께서 우리 성도들을 어떻게 간섭하시며 부흥케
하시는지를 놀랍게 경험하게 될 것입니다.

저는 세계 교회사를 전공한 사람으로서 시대마다 지역마다 그
시대와 도시를 압도하는 영적 선두 주자에 교회가 꼭 있었음을 잘
알고 있습니다. 아시다시피 교회가 시작될 때 예루살렘에는 예루살
렘 대교회가 있었고 복음이 확장될 때는 안디옥교회가 우뚝 서 있었
습니다.

고대 로마를 복음화할 때는 로마의 베드로 교회당이 영적 중심
에 있었고 프랑스 파리의 복음화를 위하여 노틀담 대교회가 우뚝 서
있었습니다. 또 종교개혁의 중심지인 제네바에는 성 베드로 교회가
자리하고 있었고 도시마다 우뚝 선 교회가 그 시대를 이끌어 갔던
것입니다.

보십시오. 서울에는 명성교회가 있고 인천에는 주안장로교회가

자리하고 있습니다. 청주에는 상당교회, 포항에는 포항중앙교회가 있습니다. 이제 21세기에는 광주서림교회가 그 역할을 담당할 것입니다. 광주의 복음화와 세계선교의 주역인 서림교회가 흥왕할 최고의 기회가 주어졌습니다.

우리는 이 일을 위하여 최선의 기도와 노력을 다해 왔습니다. 그러나 우리는 끊임없는 막힘을 경험한 바 있습니다. 막힘도 하나님의 뜻임을 기억해야 합니다. 그래서 지난 연말에 우리 당회는 하나님의 뜻이 다른 데 있음을 감지하였습니다. 몇 년 동안 현 위치에서 교회당을 넓히고 교회부지 확장을 시도한 바 있었으나 번번이 막히곤 하였습니다.

하나님의 기대와 인도는 또 다른 데 있었던 것입니다. 우리 교회 당회원은 이것을 감지하였고, 미래의 혜안과 창조적 발상을 지니신 장로님들의 발의로 정말 훌륭한 결정을 하였습니다. "서림교회는 현 위치만 고집하지 말고 다른 장소로 옮길 수 있다"고 하였습니다. 그렇습니다. 우리는 하나님이 허락하시면 다른 장소로 옮길 수 있습니다.

저는 온 교우들에게 당부하고 싶습니다. 오랜 세월을 고뇌하며 기도하다가 결정한 것이오니 모든 교우들을 당회의 결의에 즐거운 마음으로 동의해 주셔야 하며 한마음, 한뜻으로 기도하고 협력하셔

　　　　　걸어 다니는 **진흙 덩어리**

야 합니다. 저는 지금부터 모든 목회 일정을 장막터 확장에 집중할 것이며 5천여 교우들과 함께 이 일을 성사해 낼 것임을 다짐한 바 있습니다.

사랑하는 성도들이여!

우리는 주 안에서 믿음의 한 가족이며 형제자매입니다. 장막터 확장의 기회가 왔으니 유아에서부터 노년에 이르기까지 이 일에 기도하고 몰두해야 합니다. 저는 확신합니다. 이 일을 위하여 하나님께서 우리 성도들에게 건강을 주실 것이고 물질적 축복을 허락해 주실 것입니다.

5천여 등록 교인들이 힘을 합치면 하지 못할 일이 없을 것입니다. 그리고 아무런 염려나 걱정하지 마십시오. 교회는 하나님의 것이오니 하나님께서 꼭 책임져 주실 것입니다. 언젠가 우리는 이 지상의 삶을 마감하게 될 텐데 하나님 앞에 최고의 일을 했다고 칭찬받으며 금 면류관을 받으셔야 할 것이 아닙니까? 장막터 확장과 함께 금년에 우리 교회가 집중하려고 하는 목회 일정은 첫째는 전도요, 둘째는 선교이며, 셋째는 교육입니다. 교회는 이 귀한 일들을 위해 존재하기 때문입니다.

저는 목회를 다시 시작한다는 기분으로 말씀 연구와 기도에 최선을 다할 것이며 집필을 통해서도 하나님께 영광을 돌리려고 합니다. 우리는 하나님의 것입니다. 그러므로 이 모든 일에 하나님이 책임져 주실 것이고 가장 선한 길로 인도하실 것입니다. 온 가정과 하는 일 가운데 넘치도록 부어주실 하나님의 사랑과 은혜를 기대하며 행복하시길 바랍니다.

미래를 이끄는
서림교회

2012년 새해 목회서신

할렐루야! 아멘!

어느 해보다 2012년은 기대와 희망이 가득합니다. 하나님은 우리의 기도와 간구를 외면하지 않으셨습니다. 신음하는 성도들의 기도 소리를 들으시고 8년 만에 교회 부지를 허락하셨습니다.

지난 8년간의 목회서신을 더듬어보니 한마디로 '목양자의 처절한 애원의 소리'였습니다. 장막터를 넓히자! 이 산지를 내게 주소서! 여러 해 동안 몸부림쳤던 모습을 볼 수 있었습니다.

올해는 서림교회에 있어서 역사적인 한 해가 될 것입니다. 하나님은 5천여 평의 땅을 우리 교회에 허락하셨습니다. 그것도 교외 지역이 아닙니다. 첨단, 신창, 하남지역의 한 중심인 수완지구입니다. 광주 어느 곳에도 진입하기 쉬운 곳입니다. 여러분, 조용히 눈을 감고 서림교회의 미래를 그려보시기 바랍니다.

사랑하는 성도 여러분!

아시다시피, 저는 건강을 잃었었지만, 지금은 많이 회복되었습니다. 놀라운 비밀은, 제가 아파할 때도 하나님은 일하고 계신 것입니다. 이것이 지금 저의 간증이요, 찬송입니다. 저에게 있어서 뇌출혈의 아픔보다 더 큰 것은 하나님의 더 크고 오묘하신 선물 보따리입니다. 그 선물 보따리가 풀릴 때마다 울다가 웃고 웃다가 울게 됩니다.

항상 그러했듯이 저는 '목회를 다시 시작한다'는 각오로 임하고 있습니다. 하나님이 이 마음을 아실 것입니다. 드디어 우리는 '미래를 이끄는 교회'로 비상하기 시작했습니다. 이것은 어느 누구도 거역할 수 없는 서림교회를 향하신 하나님의 뜻입니다. 서서히 일어난 서림교회 운동은 하나님 나라 운동이며 초대교회 운동(movement)일 것입니다.

성도 여러분! 저는 2012년도 서림교회 표어를 '너희는 세상의 소금, 세상의 빛!'이라고 했습니다. 한마디로 소금은 녹아져야 합니

걸어 다니는 **진흙 덩어리**

다. 소금은 스스로 아낌없이 녹아서 맛을 내는 것입니다. 서림교회는 맛 내는 그리스도인들입니다. 서림교회는 세상에서 녹아져야 합니다. 그래야 맛이 납니다. 서림교회는 '생명의 빛이신 예수 그리스도'를 환하게 반사하는 반사체로써 예수님을 드러내는 교회입니다. '미래를 이끄는 교회'는 바로 이런 교회입니다.

여러분, 여러분의 목양자는 요즘 말하는 소위 '대형 교회 지상주의자'가 아닙니다. 오해 없으시기 바랍니다. 할 수만 있다면 아름다운 것을 보전하고 가꾸고 싶어 하는 목사입니다. 그러나 서림교회는 귀찮고 번거롭지만 '미래의 주역들 때문에' 넓은 공간이 필요합니다. 이들을 수용할 공간을 넓히고 시설을 갖추어야 합니다.

여러분, 앞으로의 여정을 걱정하지 마십시오. 저와 여러분의 힘 닿는 대로, 하나님께서 힘주시는 대로 하면 됩니다. 우리가 지향하는 교회당은 화려하고 웅장하기보다는 쓸모 있고 의미 있게 지어져야 합니다. 이 부분도 여러분 각자 구상해 보시기 바랍니다.

아무리 생각해 보아도 교회당은 '성소(성전)' 개념을 잃지 말아야 합니다. 교회당답게 지어야 합니다. 다음 세대를 위한 교육관은 빌딩식으로 지을 수 있지만, 교회당만은 '성소(성전)' 개념을 떠나지 말아야 한다고 생각합니다. 이것이 저의 머리에 담겨 있는 이미 오래된 프로젝트입니다. 이것이 지도자의 고뇌요, 가슴앓이인지도 모릅니다.

서림가족 여러분! 너무 한 가지 주제로 길게 말씀드린 것 같습니다. 저의 마음을 이해해 주십시오. 금년부터 사역자(교역자)들이 먼저 새로운 다짐으로 출발하였습니다.

"우리의 사역이 행복하지 않으면, 교우들에게 행복을 기대하지 말라"고 강조하였습니다. 이 말은 우리 성도들에게도 하고 싶은 말입니다. "여러분, 행복해야 합니다. 여러분의 신앙생활이 기름지고 즐거워야 합니다." 목양자인 저는 처음도 마지막도 여러분의 행복한 신앙생활에 관심이 있을 뿐입니다. 영적으로 살찌고 풍성하시기 바랍니다. 서림교회 부지도 행복한 여러분의 미래를 생각하며 준비한 것입니다.

저는 서림가족 여러분에게 부탁드리고 싶습니다. 8천여 서림가족이 힘을 모으면 "이 산을 저리로 옮기라" 하여도 옮길 수 있는 저력이 있는 가족입니다. 서림의 식구라면 이번 기회에 한 뼘의 땅이라도 동참하시기 바랍니다.

아동부와 청소년부, 그리고 청년부와 장년부에 이르기까지 빠짐없이 참여하시기 바랍니다. 운동(movement)은 혼자 하는 것이 아닙니다. 전체가 내 일처럼 움직이는 것입니다.

공예배 기도 시 미래를 이끄는 청사진을 위해서 기도하십시오.

걸어 다니는 **진흙 덩어리**

교회의 각 부서와 기관, 선교회도 이것을 위해 기도하시기 바랍니다. 저 역시 남아 있는 저력을 아낌없이 쏟아붓겠습니다. 몸이 허락한다면 무엇이든지 하겠습니다.

여러분, 기대하십시오.

신바람, 하나님 바람 나시기 바랍니다. 금년 한 해 동안 즐거운 일이 많아지기 바랍니다. "빛이 있으라!" 가정과 자녀와 하는 일 위해 하나님이 도와주시길 바랍니다.

근원(본질)으로
돌아가자

2013년 새해 목회서신

사랑하는 성도 여러분!

지면을 통하여 오랜만에 인사드립니다. 여러분은 저에게 참으로 소중한 분들입니다. 제가 살아 있어서 행복한 이유는 바로 여러분이 계시기 때문입니다. 여러분은 저를 기다려 주셨습니다.

그것도 2년에 가까운 세월을 애타게 기도하며 기다려 주지 않았습니까? 이러한 여러분의 모습을 보면서, 여러분의 목양자는 무슨 생각을 했는지 아십니까? "참으로 고마운 분들! 나의 전부를 바치리라. 여러분과 함께하는 하나님의 일이라면, 못할 일이 없겠구나"

걸어 다니는 **진흙 덩어리**

라고 생각했습니다.

성도 여러분! 사람은 누구에게나 땅끝 이야기가 있는 것 같습니다. 모든 것이 끝나버릴 것 같은 아슬아슬한 순간이 한두 번이 아닙니다. 하나님께서는 저에게 이 땅끝과 같은 곳에서 새벽을 주시고, 다시 시작하는 아침을 주셨습니다. 저는 지금 땅끝의 아침을 맞이하여 설레고 있습니다.

저는 목양생활을 다시 시작하는 초심으로 돌아가고 있습니다. 그래서 교회 표어도 '근원(본질[本質])으로 돌아가자'로 하였습니다. 저의 목회를 마치는 날까지, 아니 제가 사는 그날까지 본질을 찾아가려고 합니다.

왜냐하면 오늘날 많은 교회에서 비본질이 본질의 자리를 차지하고 있기 때문입니다. 교회는 교회다운 교회가 되어야 합니다. 이를 위해서 서림교회가 먼저 '근원으로 돌아가야' 합니다.

저는 다음과 같은 소주제로 하나님의 말씀을 선포하려고 합니다.
① 초심으로 돌아가자.
② 케뤼그마(kêrugma, κῆρυγμα)를 되찾자.
③ 자각하자.
④ 아버지(어머니) 교회가 되자.

⑤ 자존심을 회복하자.

⑥ 개혁은 뿌리를 찾는 것이다.

⑦ 교회의 모델인 초대교회로 돌아가자.

⑧ 확실하게 털갈이를 하자.

서림교회 성도 여러분!

여러분은 달라야 합니다. 왜냐하면 가짜 교인이 아니기 때문입니다. 요사이 가짜가 너무 많습니다. 가짜로 믿고 비본질로 살면서 서림교인이 될 수 없습니다.

그래서 서림교인은

① 주일성수를 생명 걸고 지켜야 합니다. 주일을 지키지 않는 교인은 더 이상 교인이 아닙니다.

② 십일조는 이름만 십일조가 아니라 온전하게 드려야 합니다. 모든 헌금의 기본(기초)이 십일조입니다.

③ 봉사는 의무가 아니라 기쁜 마음으로 해야 합니다.

그리고 서림교회는 초대교회처럼 다음의 세 가지를 유지하겠습니다.

걸어 다니는 **진흙 덩어리**

① 복음이 있는 교회

② 치유가 있는 교회

③ 회복이 있는 교회입니다.

서림교인이 되면 복음으로 인하여 구원받고 치유와 회복이 일어
날 것입니다.

마지막으로 여러분의 목양자는 겸손하게 섬기는 목회를 하겠습
니다. 여러분이 구원받고 행복하다면, 저의 생명도 아끼지 않겠습
니다. 모름지기 교회의 자랑은 예수님의 피(십자가)입니다. 십자가가
하나님의 능력입니다. 예수님의 피(십자가)가 있는 서림교회는 '죽어
야 산다'를 토대로 끊임없이 흥왕하는 교회가 될 것입니다.

서림식구 여러분!

여러분을 예수님의 권세 있는 이름으로 축복합니다.

권세 있는 피로, 여러분을 끝까지 보호해주시기 바랍니다.

회갑과 출판기념회를
앞두고

2014년 7월 목회서신

사랑하는 성도 여러분!

무더워지는 계절입니다. 금년 하반기는 동풍(하나님의 바람)이 불어옵니다. 여러분의 가정에, 자녀들에게, 사업장에 하나님의 바람이 불기 바랍니다.

성도 여러분!

아직 송 목사가 해야 할 일이 남아 있나 봅니다. 중풍에서 일어나게 하시고 이렇게 건강한 모습으로 회갑, 생일을 맞이했습니다. 의미를 두자면 건강이 회복되었다는 것입니다. 저답지 않게 쑥스러

걸어 다니는 **진흙 덩어리**

위하지 않고 출판 및 회갑잔치를 받아들였습니다. 사랑하는 마음으로 축복해 주십시오.

삼세판(세 번째) 일어섰으니 박수 보내주십시오. 일어섰으니 여러분과 함께 검박한(검소하고 소박한) 새 교회당을 지어드립시다. 영적 난민을 수용하는 수용소를 짓는 마음으로 지어드립시다.

정말 즐거운 마음으로 휘파람 불며 마지막 하나님 앞에 보람된 일 하나 하게요. 올해가 '청말의 해'라는 것 아시죠? 푸른 말은 힘이 있고 잘 뛰어다닌다는 상징입니다. 저는 여러분의 청말입니다. 여러분을 등에 태우고 겸손하게 뛰어갈게요.

제가 회복되면서 쓴 책이 『근원으로 돌아가라』(서림교회 표어와 동일)입니다. 이 책이 서울 대형 교회 목사님들 손에 잡히기 시작했다고 합니다. 송 목사(청말)가 뛰기 시작했습니다.

여러분, 기쁘죠? 눈물 납니다. 너무 많이 뛰면 좋은 장로님들이 브레이크 잡아 주고, 너무 느리면 하나님께서 채찍질하십니다.

오늘 저의 회갑잔치 겸 출판기념예식이 저를 어색하지 않도록 해 주십시오. 온 교우들이 담임목사를 아끼고 사랑하는 마음 있으면 어색하지 않을 겁니다. 여러분, 너무 감사합니다. 특히 우리 장로님들 고맙습니다.

고백주일을
맞이하며

2015년 10월 목회서신

여호와의 눈은 온 땅을 두루 감찰하사 전심으로 자기에게 향하는 자들을
위하여 능력을 베푸시나니 …(대하 16:9 상).

성도 여러분, 정말 좋은 계절입니다. 활동하기 좋은 계절에, 행
복하시기만을 기도합니다. 돌아오는 18일(주일), 25일(주일)은 우리
서림교회가 지키는 고백주일입니다. 중요한 주일입니다.

먼저 다음 주일(18)은 하나님께 고백하며, 그다음 주일(25)은 사
람 앞에 고백합니다. 개혁 교회(개신 교회)의 특징은 고백신앙입니

다. 우리 눈에 하나님이 보이지 않는다고 잘못 살아왔다면, 우리의 어리석음을 고백합시다.

"여호와의 눈은 온 땅을 두루 감찰하신대요."

우리 모두 하나님께 솔직해집시다. 잘못했으면 잘못했다고 고백합시다. 우리 하나님이 나와 여러분을 사랑하신다는 것을 아시잖아요. 하나님은 우리를 사랑하기 때문에 우리가 솔직하지 못하면 상처받으십니다.

여러분, 하나님의 상처를 아시나요? 고백주일을 보내면서 하나님과의 관계가 풀어지기 원합니다. 하나님과의 관계가 풀리고 나면 사람과의 관계, 만물과의 관계가 풀어집니다. 우리의 부끄러움 다 내려놓고 보여드립시다.

통회합시다! 가슴을 찢고 뉘우치며 돌아옵시다! 하나님은 호세아서 6장 1절에서 말씀하십니다. "오라 우리가 여호와께로 돌아가자 여호와께서 우리를 찢으셨으나 도로 낫게 하실 것이요 우리를 치셨으나 싸매어 주실 것임이라."

여러분을 기대합니다. 꼭 고백하시기 바랍니다.

여러분을 사랑합니다.

AD FONTES!

2017년 새해 목회서신

2017년, 또 한해가 시작되었습니다. 늘 행복하시고 건강하시기 바랍니다. 서림교회 성도 여러분! 우리는 행복합니다. 왜냐하면 미래가 보이는 교회에서 신앙생활하기 때문입니다. 우리 교회는 아동과 청소년, 청년 등 다음 세대들을 품고 가는 교회입니다.

사랑하는 성도 여러분, 2017년은 국가적으로 그리고 교회사적으로 무척 중요한 해입니다. 먼저 우리나라 대한민국이 한 단계 상승하고 업그레이드되는 해가 되길 희망합니다.

기독교회사에서 종교개혁(Reformation)은 "틀을 다시 짠다"는 뜻이 있습니다. 서림교회는 올해 종교개혁 500주년을 맞이하여 표어를 "AD FONTES!", 즉 '다시 본질로 돌아가자!'로 정했습니다. 왜 냐하면 지금 한국 교회와 세계 교회는 교회의 본질을 잃어버렸기 때 문입니다. 이제 틀을 다시 짭시다!

성도 여러분, 교회(ekklesia, ἐκκλησία)와 교회당은 다릅니다. 넓은 의미로 교회는 예수 그리스도를 믿는 사람, 구원받은 백성을 가리킵니다. 잘 아시다시피 교회당, 즉 예배당은 믿는 사람들이 모이는 건물입니다. 우리 서림교회는 교회당보다, 성도 한 분 한 분을 소중히 여기고 사랑하는 교회입니다.

그래서 우리 교회는 '수완 텐트처치'를 완공하여 "교회란 이런 것이다"를 만방에 알리려고 합니다. 이제 서림교회는 임동의 어머니 교회와 수완의 아들(딸) 교회가 합하여 땅끝, 즉 선교의 길로 전진하려고 합니다.

우리 모두 조금만 힘써도 됩니다. 첫째, 쉬지 말고 기도하시기 바랍니다. 둘째, 서림교회 공동체에, 플러스(plus)형 성도가 되십시오. 셋째, 한 사람도 빠지지 말고 힘을 더해 주시길 부탁합니다.

사랑하는 성도 여러분, 금년 한 해가 기대되지 않습니까?

하나님은 우리 민족에게 기대하십니다. 그리고 우리 서림교회를 향해 기대하십니다. 좋으신 하나님께서는 여러분 한 사람 한 사람을 기대하십니다.

여러분 한 사람 한 사람을 우리 주님의 지체로 사랑합니다. 여러분 모두가 나의 사랑입니다. 행복한 한 해가 되시길 예수님의 이름으로 축원합니다.

걸어 다니는 **진흙 덩어리**

수직적 교회로
나아갑시다

2018년 새해 목회서신

성도 여러분, 2018년도가 밝았습니다. 서림가족 한 사람, 한 사람이 빛 가운데 사시기 바랍니다. 연초부터 연말까지 눈동자처럼 하나님이 도와주시고 지켜주시기를 바랍니다.

"예수님의 이름과 예수님의 피로 명하노니 예수님의 보배로운 피를 여러분의 가정과 일터 위에 바르노라. 어두운 영과 재앙의 영은 물러날지어다!"

사랑하는 서림가족 여러분!

2018년도는 서림가족 여러분과 후손들이 축복받는 해입니다.

우리를 통하여 수완 성전을 짓지만, 하나님은 수완 성전을 통하여 우리를 짓고 만드십니다.

2018년도는 '서림교회가 도약하는 해'가 될 것입니다. 지난 72년 동안 서림교회는 임동 예배당을 중심으로 사명을 감당해 왔습니다. 임동 예배당은 사도행전의 '예루살렘 교회' 같은 이미지 역할을 충분히 해왔습니다.

성도들에게 '어머니 같은 교회'입니다. 예루살렘 교회는 교회사적으로 매우 중요합니다. 교회의 모태 역할을 했던 것입니다. 초대교회사에서 예루살렘 교회는 '안디옥 교회'라는 큰아들을 탄생시켰습니다.

우리 서림교회가 경험했듯이 출산하는 진통이 어머니 예루살렘 교회에 있었습니다. 대박해를 통해서 안디옥교회가 생긴 것입니다. 서림교회 당회의 장로님들은 탁월한 지혜를 발휘하여 교회 역사의 교훈을 받아들인 것입니다. "교회는 부흥하면 움직여야 한다"는 교훈을 받아들이고, 4월에 완공 예정인 수완 텐트처치를 탄생시킨 것입니다.

서림가족 여러분, 저 위임목사는 가슴설레며 기다려왔습니다. 여러분들도 부푼 가슴으로 기대하셔도 됩니다. 그리고 발 빠르게 변화에 대처해야 합니다. 서림교회는 수완 텐트처치를 탄생시키면서,

교회의 표어대로 움직이는 것입니다.

수직적인 교회, 즉 하나님 중심적인 교회로 나아가는 것입니다. 지금 현대 교회가 절대적으로 교회의 본질, 근원으로 돌아가야 하기 때문입니다.

서림가족 여러분, 여러분들은 서림가족이라는 자긍심을 가지고 살아도 됩니다. 이 땅에서 복되게 살며 하나님 나라를 앞당겨 체험하는 사람들이기 때문입니다. 지구촌에 몇 개 안 되는 수직적인 교회 성도임을 자랑삼아 사셔도 됩니다.

저는 흔들리지 않고, 사역 마지막까지 목회자의 품격과 자존을 걸고 여러분을 영과 진리로 드리는 예배(하나님이 임재하는 예배)로 이끌겠습니다. 여러분 한 사람 한 사람을 주님의 이름으로 축복하고 사랑합니다.

4차 산업혁명의 파도를
넘어서려면

2020년 새해 목회서신

사랑하는 서림가족 여러분!

새해에 복 받으시고 행복하시기 바랍니다. 우리는 정말 아슬아슬한 시대를 살고 있습니다. 영적 싸움에 지쳐서 피곤을 호소하는 사람들이 즐비합니다. 지금 우리는 위험한 시대의 흐름을 역전시키는 혜안과 안목이 있어야 합니다.

그래서 서림교회는 TTM 운동(Three T Movement)을 창출하는 교회가 되었습니다. 첫째는 텐트 라이프(Tent life)요, 둘째는 텐트 미션(Tent Mission)이며, 셋째는 텐트처치(Tent church) 운동이 그것입

걸어 다니는 **진흙 덩어리**

니다.

여러분이 너무나 잘 알고 있듯이 서림교회는 이 세 가지를 실현하기 위해 세 가지 비전을 품고 움직이고(move) 있습니다. 먼저 테바 비전(Tebah vision)은 다음 세대, 즉 아동과 청소년, 그리고 청년들을 끌어안는 비전입니다. 다음으로 도무스 비전(Domus vision)은 가정 같은 교회, 가족처럼 편하게 접근할 수 있는 분위기가 조성되어 교회가 선교의 요람이 되고자 하는 비전입니다. 마지막으로, 다운 비전(Down vision)은 예수님이 성육신하신 것처럼 자기 자신을 낮추어 섬기는 비전입니다.

위의 세 가지 비전은 서림교회가 표방하는 '수직적 교회'에서만 볼 수 있습니다. 이 땅에서 하늘을 여는 교회에서만 볼 수 있는 비전입니다.

그와 더불어 우리 서림교회는 스토리(story)가 있는 교회입니다. 과거의 역사(history)와 미래의 희망을 볼 수 있는 교회입니다. 그리고 클래식(classic)과 모던함(modern)이 공존하는 교회입니다. 임동예배당은 고전적인 클래식함을, 수완예배당은 현대적인 모던함을 대표합니다.

나아가 우리 서림교회는 모노(mono)에서 멀티(multi)로 나아가는 MS 비전, 즉 멀티사이트 비전(Multi Site Vision)으로 전진하는 교회입니다.

성도 여러분! 스토리가 있는 서림교회를 다음 세대에게 물려주기 위해서는 우리 사회가 당면한 4차 산업혁명의 거센 물결을 극복해야 합니다. 4차 산업혁명이 공식화된 지 1, 2년이 흐르면서 세계가 각 분야에서 달라지고 있습니다. 그런데 이상하게도 교회만 조용합니다.

세상은 무섭게 변하고 있는데도 교회는 여전히 깊은 잠을 자고 있습니다. 스토리가 있는 서림교회는 4차 산업혁명 시대에도 여전히 수직선을 타는 수직적 교회입니다.

우리는 세상을 닮아 가면 안 됩니다. 편하다고 수평선을 올라타면 곧 붕괴하고 맙니다. 4차 산업혁명 시대에 가장 취약한 것이 바로 영성(spirituality)입니다. 서림교회는 이 땅에서 하늘을 여는 교회입니다. 근원으로 돌아가는 수직 교회입니다.

여러분도 아시다시피 제2차 세계대전과 3차 산업혁명은 서구라파의 교회를 붕괴시키고 해체했습니다. 만일 4차 산업혁명에 제대로 대응하지 못하면 오늘 이 시대의 교회들은 무너지고 맙니다. 4차 산업혁명 시대를 극복하는 길은 수직적 교회로 돌아가는 것입니다. 지금은 우리 서림교회가, 그리고 우리 한국 교회가 근원으로 돌아가 수직 교회가 되어야 할 때입니다.

걸어 다니는 **진흙 덩어리**

그렇지 않으면 정말 위험합니다. 그래서 서림교회는 주님 다시 오실 때까지 근원(본질)으로 돌아가는 교회가 될 것입니다. 이 땅에서 하늘을 여는 수직 교회가 될 것입니다.

사랑하는 서림가족 여러분, 2020년도가 기대됩니다. 하나님께서 서림교회와 성도 여러분에게 복을 부어주실 것을 생각하니 정말 가슴이 뭉클하고 기대됩니다.

여러분도 기대하시기 바랍니다.

최후의 승리자가
됩시다

2020년 12월 둘째 주일 목회서신

성도 여러분, 많이 놀라셨지요? 저도 놀랐습니다.

갑자기 또 온라인 주일예배를 드리게 되어 마음이 무겁습니다. 지난주 수요예배 때, 수완 예배당에서 열린 예배에 참석한 청년 한 사람이 코로나19에 확진되었습니다. 여러분의 위임목사는 여러분을 보호하고 사랑하는 마음으로 장로님들과 긴급하게 연락하고, 우리 교회의 모든 예배를 온라인 예배로 전환했습니다.

여러분, 지금은 분명히 위기임에 틀림이 없습니다. 우리는 이 전시와도 같은 전염병, 팬데믹과 싸워서 반드시 이겨야 합니다. 이럴

걸어 다니는 **진흙 덩어리**

때일수록 두려워하지 말기 바랍니다. 우리 모두 더욱더 하나님께 매달립시다. 그리고 하나님과 더욱 가까워집시다. 그래서 최후의 승리자가 됩니다.

우리가 끝까지 보전되어야 이 땅에 하나님 나라를 오게 할 수 있습니다. 마지막 날까지 잘 견디고 승리하여, 땅끝까지 예수 부활의 증인이 됩니다.

사랑하는 성도 여러분, 여러분과 제가 건강해야 합니다. 정말 부탁드립니다. 위축되지 말고 담대하게 살아갑시다. 저는 매일 우리 주님께 기도할 것입니다.

"하나님 아버지, 하나님의 절묘한 지혜를 우리 서림의 가족들에게 주시옵소서. 사랑하는 성도들을 머리카락 하나도 상하지 않도록 지켜 보호하여 주옵소서."

여러분을 많이 많이 사랑합니다.

다니고 싶은 교회,
서림교회

2023년 새해 목회서신

사랑하는 성도 여러분!

새해가 밝아왔습니다. 2023년도는 서림교회가, 그리고 여러분이 잘되는 한 해가 될 것입니다. 주님은 사도 요한을 통해 말씀하십니다.

사랑하는 자여 네 영혼이 잘됨 같이 네가 범사에 잘되고 강건하기를 내가 간구하노라(요삼 1:2).

먼저, 잘되어야 할 것은 영성입니다. 여러분의 영혼이 잘 되시기를 바랍니다. 영혼이 잘되려면 하늘 문이 먼저 열려야 합니다. 하늘 문이 열려 하나님께서 저와 여러분의 영혼을 평화롭게 꽉 잡아 주시길 바랍니다.

성도 여러분! 우리의 영혼이 살아나야 합니다. 꼭 살아나시기 바랍니다. 영혼이 시들시들하면 될 일도 안 됩니다. 먼저 영혼이 잘 되는 올 한 해가 될 것입니다.

다음으로 우리는 범사에 잘되어야 합니다. 주님은 마태복음 6장 33절에서 말씀하십니다.

> 그런즉 너희는 먼저 그의 나라와 그의 의를 구하라 그리하면 이 모든 것을 너희에게 더하시리라.

여러분, 먼저 하나님 나라와 의를 구하면 나머지 범사의 일은 풀릴 수밖에 없습니다. 여기서 순서가 바뀌면 안 됩니다. 범사가 잘되기를 먼저 구하지 마십시오. 우리는 하나님께 선택받은 사람들이기 때문입니다. 그의 나라와 의를 먼저 구하면, 범사, 즉 그 외의 모든 일도 다 잘됩니다.

마지막으로 여러분의 영육이 강건하시기 바랍니다. 먼저 영혼이 잘되고 범사가 잘되면, 우리의 영혼과 육체도 강건해집니다.

여러분, 이것이 2023년도 서림교회 복된 성도들의 삶의 방식입니다. 저는 믿는 사람들의 당연한 권세를 여러분에게 뼛속 깊이 심어주고 싶습니다.

2023년도 역시 우리 서림교회는 복음으로 세상을 물들일 것입니다. 광주시민들이 뽑은 가장 다니고 싶어 하는 교회가 바로 서림교회입니다. 우리는 강한 자부심을 가질 필요가 있습니다.

사랑하는 성도 여러분! 우리는 겸손하게 섬깁시다. 다운 비전을 실천합시다. 우리가 겸손하게 세상을 섬길 때, 많은 이들이 "나도 서림교회에 다니고 싶다"고 말할 것입니다.

시민들이 나도 저 서림교회 다니고 싶다는 말이 나올 수 있도록 세상에 감동 주고 복음으로 물들이는 2023년이 되시길 바랍니다. 감사합니다.

제4부

자기를 부인하고
(한국기독공보 칼럼)

그리스도인의
영적 해상력[1]

사람마다 자기 세계 혹은 자기 관념이 있다. 사람은 자기 세계관만큼 살다가 떠나는 것 같다. 앞서가는 사람들은 남이 볼 수 없는 미지의 세계를 미리 내다보고 사는 예언자적 세계관을 지니고 있다. 반면에 늘 뒤처지는 사람들을 보면 남들이 이미 걸어간 그 길을 흉내 내며 따라간다.

예로부터 그리스도인들은 시대의 징조와 역사의 미래를 예리하게 전망하며 새로운 대안을 내놓았던 사람들이다. 일반인들이 볼 수 없는 것을 미리 내다보며 어떠한 상황에서도 쉽게 주저앉거나 포기하는 일이 없었다. 우주 삼라만상과 역사를 통치하시는 하나님을 믿

---

1   한국기독공보 논단. 2009.02.04.

는 믿음의 시각, 영적 해상력을 가지고 살기 때문이다.

백성들이 낙담과 좌절에 빠져 희망이 없다고 할 때마다 그리스도인들은 언제나 좌절 저 너머의 소망을 제시하곤 했다. 오늘날 '세계의 경제 대란'이란 위기를 맞이한 백성들이 우왕좌왕하며 한숨을 짓고 있다. 이럴 때일수록 한국 교회와 그리스도인들은 경제공황을 뛰어넘는 새로운 대안과 패러다임을 제시해야 할 것이다.

우리는 구약의 선지자들과 신약의 사도들이 가졌던 예리한 통찰의 영적 해상력을 잘 알고 있다. 백성들을 압도하고 이끄는 대단했던 세계가 그들 속에 있었다. 그들은 똑같은 사건을 해석할 때도 여타의 사람들과는 전혀 다른 해석을 제시했다.

다니엘을 보라! 당대의 최강국이었던 바벨론의 왕 느부갓네살의 꿈을 해석할 때 깊고도 은밀한 일을 나타내시는 창조주 하나님의 세계를 내다보았다. 하나님은 다니엘의 민감한 영적 안테나를 통하여 당신의 계시(뜻)를 보여주신 것이다.

아무도 감지할 수 없는 세계를 감지해 내고, 아무도 해석할 수 없는 은밀한 뜻을 해석해 내는 능력, 이것을 가리켜 필자는 '영적 해상력'이라고 표현한다.

마치 멀리 있는 사물이나 사람을 정확히 볼 수 없을 때 우리는 망원경을 통해서 더욱 정확히 볼 수 있다. 마찬가지로 하나님의 사람들은 일반인들이 볼 수 없는 믿음의 망원경, 영적인 망원경을 지니고 그것을 통해 내다본다는 것이다.

나를 향하신 하나님의 뜻, 교회와 민족을 향하신 하나님의 계획과 섭리를 볼 수 있는 선지자적인 그리스도인들이 필요한 시대다. 이런 의미에서 이 시대의 위기는 '경제위기'가 아니라 '영적 해상력'을 잃어버린 '교회의 위기'라고 해야 할 것이다.

우리는 보통 '요나'를 가리켜 소선지자 중의 소선지자라고 말한다. 어떻게 보면 실패한 선지자의 한 사람일 것이다. '니느웨'로 가라는 하나님의 지시를 제대로 파악하지 못한 까닭에 '다시스'로 향했던 그가 아니었던가! 영적 해상력이 바닥난 요나는 다시스로 갈 수밖에 없었다. 그렇게밖에 해석할 수 없었던 것이다.

오늘 우리는 이 시대를 어떻게 진단하고 해석할 수 있는가? 과연 대 선지자들과 대 사도들이 지녔던 천재적인 영적 혜안, 영적 해상력을 가지고 살고 있는가? 요즈음 우리 주변에는 정말 눈을 뜨고 볼 수 없는 창피한 일들이 교계 안에서 일어나고 있다.

하나님이 보여주지 않았음에도 불구하고, 하나님이 보여주셨다고 웅변을 토하는 사람들이 있다는 말이다. 하나님께서 노회 정치나 총회 정치를 하라고 자신을 이 땅에 보내신 것처럼 힘주어 외치는 사람들이 늘어나고 있으니 그것이 과연 그들의 영적 해상력에 잡힌 세계인지 묻고 싶을 때가 있다.

역사적으로 영적 해상력의 대가들에게는 공통점이 있다. 그들은 절대로 하나님을 앞서가는 법이 없다. 그들은 막힘이 올 때마다 하나님께 물어본 후 출발한다. 하나님께서 보여주시기 전에는 절대로 시작하거나 서두르는 법이 없다.

그렇다고 그들은 어떤 상황에서도 당황하거나 주저앉는 일이 없다. 막힘과 혼란 속에서도 하나님의 심오한 뜻을 찾아서 백성들의 나아갈 길을 제시해 주곤 하였다. 지금 한국 교회와 그리스도인들은 '경제적 위기의 시대'를 정확히 진단하여 '진정한 위기가 무엇인지'를 해석해 내고 미래 시대의 대안을 설명할 줄 아는 영적 해상력을 회복해야 할 것이다.

믿음의
유사성[2]

    사람들은 가끔 자신이 알고 있는 것이 전부인 것처럼 생각하는 경우가 있다. 고정관념 속에 자신을 가두어 놓고, 이해되지 않는 부분은 수용하려 하지 않는다. 이 생각에서 탈피하지 못하고 창의적인 사고를 가로막는다면 밝은 미래는 기대할 수 없다.

    이 세상은 내가 알고 있는 것이 전부가 아니다. 설사 아는 것이 있다고 해도 외부의 것을 받아들일 자세가 되어 있지 않다면, 그것은 참되게 아는 것이 아니다. 이것은 소경이 남을 위해 촛불을 비춰 줄 수는 있지만, 자기를 밝히지 못하는 것과 같다.

    세상에서 가장 무서운 사람은 자신이 알고 있는 것을 전부라고

---

2 한국기독공보 목양칼럼. 2010.08.31.

생각하는 사람이다. 이들은 자신이 어떤 것을 모르고 있으면서도 알려고 노력하지 않고 다른 사람의 말도 들으려 하지 않는다.

심지어 하나님의 말씀까지도 자신이 알지 못하는 부분은 눈을 감아 버리고 자신이 아는 것만 웅변하듯 외친다. 참으로 위험한 사람들이 아닐 수 없다. 교회와 세상이 혼란스러울 때 이런 유형의 사람들이 득세를 하곤 했다.

교회사를 공부하다 보면 '믿음의 유사성의 시대'가 있었다. 믿음의 내용은 사라지고 믿음의 형식, 곧 껍질만 남았던 시대다. 세계 문화사와 교회사에서는 중세시대를 가리켜 '암흑기'라고 호칭한다. 참으로 암울했던 시대를 대변하는 명칭일 것이다.

교회가 세상을 삼킬 정도로 권력과 부요를 누렸고 가장 왕성한 교세 확장기였지만, 참된 믿음(sola fide)은 사라지고 믿음의 유사성(solidatair)만 남았던 시대다. 이것은 진짜 꽃처럼 보이지만 생화가 아닌 조화를 가리켜 '꽃과 유사하다'라고 표현하듯이 생화와 꼭 닮은 조화가 판을 치던 시대를 '믿음의 유사성 시대'라고 말한다. 이는 육안으로 보아서는 좀처럼 구별되지 않는다.

그러나 아시다시피 조화에는 향기가 없다. 그리고 아무런 변화가 일어나지 않는다. 물론 열매도 기대할 수 없다.

믿음의 유사성(solidatair)이란 단어는 아주 역겹고 무서운 말이다. 영적인 암흑기를 상징하는 단어이기 때문이다. 유명한 성당과 사제는 많았으나 하나님과는 전혀 상관없는 그저 '많은 숫자'에 불과했기 때문이다.

'많다'는 것은 꼭 좋은 것만은 아니다. 우리는 흔히 '교회가 많다', '성도 수가 많다'는 것을 먼저 자랑하는 경향이 있다. 만일 그 '많음'이 믿음의 유사성(solidatair)에 해당한다면 어찌할 것인가?

지난 2천 년 교회의 역사 속에서 교회를 교회 되게 했던 것은 언제나 영적으로 잠자는 다수가 아닌 깨어있는 소수였다. 지금도 이 세상은 여전히 영적으로 죽음의 잠을 자고 있다. 지구상의 셀 수 없이 많은 교회가 과연 모두 깨어있다고 보는가?

신자들은 많은데 진짜 신자를 찾기 힘든 시대가 아닌가 싶다. 이들은 물론 지금까지 교회가 해왔던 것을 흉내 내고 있다. 이들 역시 선교하고 사회봉사도 한다. 그러나 이들 가운데서 과연 사도행전이 우리에게 보여주는 것처럼 영적 각성과 회심을 일으키는 풍성한 사건들이 얼마나 일어나고 있는가?

이 세상의 역사를 주도하고 도도하게 흐르는 성경의 시대에 걸맞는 교회와 그리스도인이 그리워지는 시대다. 세속의 거센 파도를 거스르며 세상을 압도해 가는 참 교회가 되었으면 좋겠다. 머지않아 유사한 교회인지 아닌지, 유사한 신자인지 아닌지, 진짜 목사인지 아닌지가 가려질 것이다. 우리는 그날을 바라보며 오직 믿음(sola fide)으로 돌아와야 할 것이다.

부정의 힘[3]
(1)

'긍정의 힘'의 논리가 대세인 요즈음에 '부정의 힘'을 설파한다는 것이 어쩌면 시의에 걸맞지 않을 수도 있다는 생각이 밀려온다. 하지만 필자가 오랜 날들을 고뇌하며 되새겼던 진리, 복음의 내용이기에 감히 지면으로 피력한다.

우리는 언젠가부터 미국산, 미국 것이라면 무조건 호의적으로 생각하고 받아들이는 잘못된 습관이 있는 것 같다. 미국산 서적이나 교회 프로그램이 직수입되어 사용되다가 홍역을 앓는 교회들이 발생하고 있지 않은가?

'셀 교회' 조직이 가능한 교회가 있고 그렇지 않은 교회가 있는

3　한국기독공보 목양칼럼. 2010.09.14.

데, 너도나도 앞을 다투어 흉내를 내다가 결국 무너져 내리는 교회가 속출하고 있다.

지난날 로버트 슐러(Robert Schuller)의 『적극적 사고방식』이 한국 교회를 강타하더니, 이제는 조엘 오스틴(Joel Osteen)의 『긍정의 힘』 시리즈가 돌풍을 일으키고 있다. 필자도 위 두 서적을 두 번씩이나 정독하였다. 그러나 이 책 가운데 얼마나 위험하고 허무맹랑한 독소가 깔려 있는지 모른다.

겉보기에는 그럴듯하다. 예수님의 정신을 강조하는 것처럼 보인다. 그러나 그 주장하는 논리의 겉 포장을 뜯어내고 보면 예수님을 말하고 있지만 예수님이 없다는 사실을 알게 된다. 긍정의 힘으로 무엇이든지 다 이룰 수 있다고 떠들지만, 자세히 보면 예수 없는 '나'로 가득 차 있다.

사도 바울은 빌립보서 4장 13절에 "내게 능력 주시는 자 안에서 내가 모든 것을 할 수 있느니라"고 고백하는데, 여기서 "내게 능력 주시는 자 안에서"는 슬쩍 빼버리고 '내가 모든 것을 할 수 있느니라'만 강조한다.

『긍정의 힘』이라는 책은 인본주의 사상의 극치를 보여주고 있다. 저자는 줄곧 성경적이라는 수식어를 사용하지만, 필자가 볼 때는 비 성경적인 요소가 많다. 성경과 유사성은 있으나 성경과는 전혀 다르게 각색해 버린 것들이 보인다.

긍정의 힘, 내가 모든 것을 할 수 있다를 강조하다 보면 '나'를 강조하게 되고 주님은 변두리로 몰리게 되는 것이다. 그들이 말하는 주님은 자기들의 논리를 주장하기 위해서 활용하는 주님일 뿐이다. 이것이 오늘 우리 시대를 강타한 '긍정의 힘'의 함정이다.

사도 바울은 "내가 모든 것을 할 수 있느니라"를 다루기 전에 "내게 능력 주시는 자 안에서"를 먼저 고뇌하였다. 바울은 주의 능력이 아무에게나 그냥 임하는 것이 아니라는 것을 강조한다. 그는 자신을 철저히 비우고 부정할 때 비로소 주의 능력이 임함을 알았기에 "내게 능력 주시는 자 안에서"를 자랑하는 것이다.

이처럼 그리스도인의 삶은 '자기 부정'이 전제되어야 한다. 성경은 온통 자기 부정을 말하고 있다. 자기 부정 이후에 임하는 주의 능력을 가리켜 우리는 '부정의 힘'이라고 표현한다. 성경은 자기 사랑, 자기 긍정을 죄라고 말한다. 우리 인간이 범죄하기 이전의 상태는 하나님만 바라보며 경배하는 '하나님 보시기에 참 좋은 상태'였다. 그런데 아담이 범죄한 후에 그의 눈이 밝아졌다고 창세기 3장은 말한다.

하나님만 바라보던 시각이 자신을 바라보는 쪽으로 밝아진 것을 알려주는 중요한 대목이다. 인간이 자기를 바라보면 별수 없이 자기를 사랑하게 되어 있고, 자기를 사랑하면 자기 포장을 하게 되어 있다. 아담이 무화과나무 잎으로 옷을 만들어 자기를 포장하기 시작한 이유가 여기에 있다.

오늘날 자신의 수치를 포장해 보려는 현대판 무화과나무 잎으로 만든 앞치마 중의 하나가 '긍정의 힘'이라고 할 수 있다. 긍정의 힘은 인간이 하나님 앞에 부끄러운 존재가 아니라 당당하고 떳떳한 존재임을 부추긴다. 바로 아담을 부추겼던 뱀의 정체를 떠오르게 한다. 뱀도 '하나님이 말씀하셨다'고 인용하였다.

'긍정의 힘'을 말하는 사람들은 성경이 말하고자 하는 핵심은 빼버리고 자신들의 논리 전개에 편리한 문구만 인용하더라는 것이다. 성경은 자기 긍정이나 자기 포장에 대해 아름다운 묘사를 한 적이 없다. 성경은 '긍정의 힘'을 다룬 책이 아니라, 오히려 '부정의 힘'을 다룬 책이 아닌가! 어떤 사람도 자기 부정 없이는 하나님께 나아갈 수 없으며 용서받을 수도 없다고 성경은 강조한다.

하나님의 호출 앞에서 예레미야는 "내가 슬프도소이다 주 여호와여 보소서 나는 아이라 말할 줄을 알지 못하나이다"(렘 1:6)라고 했다. 이것이 하나님 앞에 소중하게 사는 사람의 정상적인 모습일 것이다. 우리는 하나님의 호출과 자기 부정 사이에서 등장하는 '내가 너와 함께 한다'는 손길을 발견하게 될 것이다.

이것이 곧 자기 부정의 힘이다. 나는 '아니(No)'라고 하는데 하나님은 '맞다(Yes)'고 하신다. '너의 부정'을 통해 '내가 함께 해주마'하시는 분이 하나님 아버지시다. 그런 까닭에 그분은 자기를 부정하고 스스로 죄인임을 시인하는 사람에게 위대한 손길로 임하신다.

부정의 힘[4]
(2)

예수님이 우리에게 보여주신 진정한 세계는 '자기 긍정'이 아니라 '자기 부정'이었다. 세상의 논리는 자기를 나타내고 자기를 자랑하며 항상 자기중심의 삶을 강조한다. 한마디로 우리는 태어나면서부터 이른바 '덧셈 원리'를 배우기 시작한다. 더 많이 간직하고 더 많이 높아지면서 자기 존재를 과시하는 것 아닌가!

그러나 예수님이 가르쳐 주신 하나님 나라의 원리는 '자기 부정'이다. 그분은 살고자 하면 죽고, 죽고자 하면 산다고 말씀하신다. 한 알의 밀알이 땅에 떨어져 죽지 아니하면 그대로 있고 죽으면 많은 열매를 맺는다고 말씀하신다.

---

4 한국기독공보 목양칼럼. 2010.09.14.

실제로 우리 주님은 그렇게 사셨고 우리에게 그렇게 살라고 부탁하셨다. 예수님의 삶의 꽃은 십자가 위에서의 죽으심이다. 그분은 십자가에서 죽었으나 다시 사셨다. 이것이 기독교에서 말하는 '부정의 힘'이다.

성경 어느 곳에도 자기 긍정을 다룬 곳은 없다. 오히려 자기 긍정을 가리켜 죄라고 하였다. 그래서 자기 부정을 위해 철저한 '뺄셈'을 가르치는 것이 성경이다. 성경은 '교만'을 덜어내고, '목의 힘'을 빼내고, '죄성'을 빼냄으로써 하나님의 거룩한 성품을 닮아가도록 안내하고 있다.

우리는 구약성경에서 이스라엘 해방의 지도자였던 모세의 일대기를 통해 '자기 부정의 힘'을 실감나게 배우게 된다. 모세에게 가장 처참했던 시기는 미디안 광야에서 양을 쳤던 40년의 기간이었다. 애굽이라는 강대국의 왕자가 하루아침에 도망자로 추락했기 때문이다.

그러나 우리는 잘 파악해야 한다. 애굽 왕자 시절의 모세는 정말 자기중심적인 인간의 대표라고 할 수 있다. 자기 말이면 모든 백성이 쩔쩔매며, 자기 말 한마디면 모든 게 다 될 줄 알았던 시절이었다. 그래서 자기 맘대로 살인까지 하고 숨기려 하였다. 결국 이것이 들통이 나 도망쳤던 모세는 미디안 광야에서 '자기 긍정의 함정'을 배워야만 했다.

걸어 다니는 **진흙 덩어리**

모세는 자기를 내세우는 사람과는 하나님이 함께하지 않는다는 것을 배워야 했다. 애굽의 왕자 모세는 광야 40년이란 긴 세월 동안 서서히 녹아지고 깨어지기 시작했다. 고독한 빈 들판에서 양을 치며 '도대체 나라는 존재는 무엇입니까?'를 수없이 되새기며 하나님께 물어보았을 것이다. 인생의 문제를 놓고 얼마나 많은 시간을 고뇌하며 지냈겠는가!

이런 인생의 숙제가 서서히 하나님 앞에서 풀리기 시작했다. 자기 잘난 맛이 빠지면서, 자기는 아무것도 아니라는 사실을 발견하면서 결국 그는 하나님을 대면하게 된다. 그래서 그는 하나님께서 부르신 후에도 "나는 아무것도 아닙니다. 나는 입이 뻣뻣하고 혀가 둔합니다"를 고백하기에 이른다.

바로 이런 자기 부정의 내면에 하나님의 영이 임하셨던 것이다. 이것이 바로 기독교가 강조하는 '부정의 힘'이다.

모세가 모세 된 것은 애굽의 왕자로서의 모세가 아니라, 40년 광야 생활에서 배우고 터득했던 자기 부정을 통해서다. 자기를 부정할 줄 아는 모세를 상대해 주면서 "내가 반드시 너와 함께 있으리라"고 약속하셨던 하나님은 결국 '자기 긍정'의 사람과는 절대로 함께 할 수 없다는 것을 암시해 주고 있다.

이런 훈련의 과정을 통과한 모세는 자기 정체성을 회복하게 되었고, '내가 누구이며 무엇을 해야 하는지'에 대한 인생 최대 질문의 해답을 얻게 되었다. 이것이 곧 모세가 걸어갔던 사명(Misson)의 삶이었다.

모세에게 달라진 것이 있다면 단 한 가지다. '자기 긍정'의 삶에서 '자기 부정'의 삶으로의 변화다. 하나님은 자기를 내세우며 자기 권위를 과시하며 살 때는 눈길조차 주지 않으시더니 그 권위가 빠져나가고 자기를 부정할 줄 아는 사람과 함께해 주시더라는 것이다. 이것이 하나님 나라의 원리요, '부정의 힘'이다.

우리에게는 배우지 못하고, 가난하고 재능 없는 것이 문제가 아니다. 오히려 많이 배운 것을 자랑하고, 많이 가진 것을 내세우며, 자기 명예를 뽐내는 것이 문제라는 것이다.

배우지 못했고 가난했기 때문에 더 겸손히 섬기면서 자신의 부족함을 고백하며 산다면, 이런 사람이 많이 배운 자보다 더 지혜로운 것이요, 많이 가진 자보다 더 가진 자가 되는 것이다. 결국 본 주제를 마감하는 알기 쉬운 표현이 있다면, '성경은 긍정의 힘을 다루지 않는다'는 것이다.

걸어 다니는 **진흙 덩어리**

십자가의
걸림돌[5]

　중세 말 교회 개혁을 주도했던 극소수의 선각자들이 자주 쓰던 단어가 라틴어로 'sinn'이다. 우리말로 옮기면 '자각' 또는 '깨어남'이다. 자각을 외치다가 못다 핀 꽃이 되어 화형당하고 추방당한 대표적인 사람들로 이탈리아의 사보나롤라(Girolamo Savonarola, 1452-1498)와 영국의 위클리프(John Wycliffe, 1320-1384), 헝가리의 후스(Jan Hus, 1372-1415) 등을 꼽을 수 있다.

　16세기 종교개혁 시대의 요청은 '뿌리, 즉 근본으로 돌아가자'였다. 중세 천년 간 외견상으로는 엄청난 성장과 웅장한 성공을 거두었으나 '본질'에서는 너무나 멀리 떠나있었기 때문이다. 본질을 빙

5　한국기독공보 목양칼럼. 2010.09.28.

자한 껍데기를 자랑하던 시대는 중세나 지금이나 다를 것이 없다고 느껴진다.

황금빛으로 칠한 웅장한 성당과 정치적 힘을 자랑하며, 하나님 없이도 잘 굴러가던 엄청난 교회조직의 힘 때문에 평신도들은 숨이 막히면서도 끌려가야만 했다. 그들의 영성은 점점 메말라 황폐해져 갔다. 화려함과 권력을 가진 종교인들은 많았으나 참 그리스도인은 부재했던 시대다.

바로 이런 시기에 돌에 맞아 죽을 각오를 하고 극소수의 선각자들이 'sinn'(자각)을 외친 것이다. 그들은 '본질로 돌아가자', '성경으로 돌아가자', '영적으로 깨어나자'고 외쳤다. 이것이 결국 개혁 교회의 시작이었고, 장로교회의 기초가 되었다.

오늘날 한국 교회 분위기에서는 'sinn'(자각)이라는 단어를 함부로 사용할 수 없는 듯하다. 왜냐하면 '한국 교회는 어디로 갈 것인가?'라는 주제는 수없이 회자되고 있지만, 그 대안에는 침묵해 버리기 때문이다.

오늘날 한국 교회는 누가 보더라도 교회의 본질인 핵심 DNA가 사라져가고 있다. 그 핵심 DNA가 무엇인가? 그것은 예수님 사역의 핵심인 '하나님 나라의 도래'다. 복음의 중심이 곧 '하나님의 나라'가 아닌가? 예수님 공생애 기간의 설교 핵심은 '하나님 나라'였

걸어 다니는 **진흙 덩어리**

고 그의 탄생과 죽음까지도 '하나님 나라'로 일치된다. 이러한 예수님 사역을 생생하게 목격하고 간직했던 초대교회 핵심 DNA가 바로 '하나님 나라'였다.

하나님 나라의 도래는 곧 십자가만이 주는 걸림돌로 설명되고 실현된다. '십자가의 걸림돌'이 무엇인가? 그것은 "멸망하는 자에게는 미련한 것이요 구원 얻을 우리에게는 하나님의 능력"이다. 죄인들에게는 미련스러운 '십자가의 도'를 무엇 때문에 그들에게 맞춰서 좀 더 매력적으로 꾸미고 각색하느냐는 것이다. '많은 사람을 끌어들이기 위하여'라고 한다면 그 많은 사람은 결코 하나님 나라와는 상관없는 이들이 아닌가!

회중들의 만족을 위해 죄인들의 취향에 걸맞도록 각색한 십자가는 더 이상 십자가의 도가 아닐 것이다. 예수님은 십자가의 도(진리)가 걸림돌이 되어 죽으신 것이다. 세상 죄인들에게 걸림돌이 되어 처절하게 피 흘리며 버림받고 놀림당하며 죽으셨다.

만일 독자들 가운데 필자의 글에 대한 반감이나 이해가 되지 않는다면 각색되어 버린 화려한 십자가에 시야가 고정되어 버렸든지, 아니면 십자가의 걸림돌에 대한 심오하고 오묘한 하나님 나라의 원리와는 전혀 상관없든지 둘 중의 하나일 것이다.

예수님은 세상의 죄인들을 부르시며 십자가의 도, 즉 걸림돌 앞에 굴복시켜 의인, 곧 하나님 나라의 사람이 되게 하셨다. 그분은 한 번도 십자가의 도를 해체시키거나 각색하여 죄인들의 시야에 화려하게 보이도록 하신 적이 없다.

교회의 본질은 하나님 나라의 도래, 즉 그 나라를 실현하는 데 있다. 십자가의 걸림돌이 하나님의 위대한 능력이 되도록 선포하고 전하는 곳이 교회인 것이다. 이런 뜻에서 한국 교회는 지금 교회의 본질로부터 스스로 다시 돌아보는 자각이 시작되어야 한다.

이것은 정말 쉬운 작업이 아닐 것이다. 죽을 각오를 해야 한다. 거대한 흙탕물 같은 흐름과 분위기를 되돌리기 위한 일사각오의 작심을 해야 할 것이다. 하나님 나라는 기계적 장치가 아니기 때문이다. 영적 각성을 통해 신선한 소생의 물결, 생명을 살리는 물결이 십자가의 걸림돌을 통해 세상을 새롭게 해야 할 것이다.

종교개혁자 칼뱅(J. Calvin)이 말했듯이 "양 우리 안에 이리가 있을 수 있고, 우리 밖에도 양이 있을 수 있다"는 사실을 기억해야 한다. 지금 보이는 수천, 수만 명이 우리의 자랑거리가 아니다. 십자가의 도를 온전히 볼 수 있는 개안 작업을 통해 예수님의 참 제자들이 일어나기를 소망한다.

걸어 다니는 **진흙 덩어리**

예수 없는
예수교회[6]

얼마 전 동아일보 기자가 쓴 '부시 대통령의 참담한 봉변'이라는 글을 읽었다. 그의 대통령 임기 마지막 때에 이라크를 전격 방문하여 '사명 드디어 완수'라는 연설을 하였다. 이 연설을 마치고 기자 회견장에서 일어난 장면이다. 이라크 기자 한 사람이 부시 대통령을 향해 욕설을 하며 신발을 던졌던 것이다. 그의 값싼 승리주의와 경솔한 연설에 대한 이라크인들의 반감과 함성이 어떠한 지를 보여주는 단면이었다.

부시는 지금도 이라크 전쟁을 선하고 옳았다고 주장한다. 그러나 이라크인들은 물론 미국 내 국민까지도 그의 주장에 동의하는 사

---

6 한국기독공보 논단. 2008.12.29.

람은 별로 없다는 것이다. 세계인들은 미국의 보수적 근본주의자들의 밀어붙이는 '투철한 독선적 행보'에 진절머리가 나 있다.

필자는 이러한 기사를 읽으면서 요즈음 한국 사회 전반에 깔려 있는 개신교에 대한 반감과 적대감의 소리가 들려오는 것 같았다. 이러한 소리를 듣지 못하는 개신교 지도자들은 오늘도 너무 용감하게 웅변조의 삶을 살고 있다. 교회마다 거리마다 크리스마스 트리로 단장된 분위기 속에 성탄절을 맞이하였건만 사회 저변에 억눌려 사는 민중들의 시선은 곱지 않다.

요즘 서점가에 뜨고 있는 『예수 없는 예수교회』라는 책이 화제를 일으키고 있는 것도 이러한 한국 개신교의 현실을 잘 반영하는 듯하다. 전 부총리 겸 교육자원부 장관을 지낸 한완상 씨는 이 책에서 "한마디로 한국의 예수교회는 예수님이 안 계십니다. 하기야 다른 나라의 교회에도 역사의 예수 모습은 잘 안 보입니다만, 교세의 양적 팽창과 대외적 선교 열을 그토록 자랑하는 한국 교회와 교인의 삶 속에서 나사렛 예수, 갈릴리의 예수를 만날 수 없다는 것, 이것이 위기라고 하겠습니다. 그분의 채취와 그분의 숨결, 그분의 꿈 그리고 그분의 다정한 모습을 교회 안에서 찾기 힘듭니다"라고 하였다. 물론 한국 사회 전반에 깔려있는 안티기독교의 비난과 질책을 대변하는 외침을 기독교인인 그가 대신하고 있다는 생각을 한다.

연말과 성탄의 계절을 맞으며 이제 우리 개신교는 더 이상 예수 그리스도를 독선과 배타의 울타리에 가두어 두려는 시도를 그만두어야 한다고 사료된다. 나를 비우면서 남을 채워주는 예수님의 삶을 따라야 한다. 져주면서 이기는 예수님의 정신이 필요한 때다. 하늘에서 땅으로 내려오신 성탄의 주님처럼 우리 모두는 승리주의와 확장주의에서 빠져나와 자기 비움과 자기 내려놓음으로 나아가야 할 것이다.

한국의 개신교를 가리켜 '독선' 그리고 '배타'라는 수식어가 따라다니는 것은 너무도 가슴 아픈 일이다. 가끔 개신교인들은 기독교만이 절대로 선하고 옳으며 상대방은 늘 악하다는 논리를 말한다. 그러나 이 땅에 오신 주님이 냄새나는 마구간으로 오셔서 먼지 나는 갈릴리를 거닐며 천하고 병들고 가난한 민초들을 상대로 하나님 나라를 이루려 하신 복음의 정신은 어디로 사라진 것인가? 우리는 주님을 따르는 제자들이다. 제자는 스승의 가르침을 따르는 자들이다. 주님께서는 독선과 배타의 길을 가지 않으셨다. 순한 어린 양처럼 골고다의 십자가 위에서 고난을 당하시던 예수는 정말 멋지고 당당하게 져주시며 그 위에서 죽으시고 마침내 부활과 평화로 승리하셨다.

바로 이것이다. 지금 한국 교회는 독선과 배타로 군림하려 하지 말고 봉사와 희생정신으로 이웃을 섬겨야 한다. 그렇게 해야만 한국 개신교의 밝은 미래가 기약될 것이다. 예수님의 사랑은 우아하게 짐으로써 모두가 멋지게 승리하도록 하신 것이다. 현재 한국 교회가 비록 심각한 문제를 안고 빛과 소금의 역할을 잃어간다고 할지라도 예수님을 따르는 새로운 방식과 새로운 시도를 통해 다시 개혁된다면 한국 교회는 제2의 도약과 더불어 한국의 르네상스를 도래시킬 것이라고 확신한다.

걸어 다니는 **진흙 덩어리**

유럽 교회 몰락의
교훈[7]

며칠 전 유럽과 남미에서 선교활동을 하다가 잠시 귀국한 선교
사들의 선교 보고를 듣게 되었다. 흔히 접하게 되는 선교 업적에 대
한 보고가 아니라 선교전략에 관한 대안을 모색하자는 것이어서 관
심을 끌었다. 그들의 세계선교에 대한 공통적 전략은 '무슬림화되어
가는 지구촌을 어떻게 구해 낼 것이냐'에 있었다. 얼마 전부터 무슬
림의 중앙 본부는 유럽의 프랑스와 아시아의 한국을 포교활동의 최
대 거점으로 지목하였다고 한다. 우리가 우리 안에서 인지하지 못하
고 있을 때 우리 밖에서는 상상 밖의 일들이 전개되고 있었다는데
놀라게 되었다. 그렇다. 우리 한국 교회는 몇십 년 동안 부흥을 노래

---

7 한국기독공보 논설위원 칼럼. 2010.01.29. 「오직 '복음'만이」

하면서 선교사를 많이 파송하는 나라라고 과시하고 있었다.

마치 17-18세기 유럽 교회사를 보는 듯한 한국 교회의 실상을 접하게 된다. 당시 유럽사회는 산업혁명의 조명 아래 무서운 변화의 조류 속에 떠 밀려가고 있었다. 유럽의 개신교 국가들이 앞을 다투어 선교사를 한 명이라도 더 파송하려고 힘쓰던 시기다. 그러나 정작 유럽 교회는 너무도 빠르게 교회만이 간직했던 복음의 생명력을 잃어가고 있었다. 하나님께서 주신 영광스러운 복음의 능력을 따라 하나님의 나라를 회복시키는 일을 상실해 버린 것이다. 그 당시 이러한 유럽 교회를 걱정하는 소리들이 교회 안에서가 아닌, 타락한 세상에서 들려오고 있었다.

우리가 요즈음 언론을 통해서 쉽게 접할 수 있는 한국 교회 실상이 바로 이러한 것 아닌가! 세상이 교회를 걱정하는 시대가 도래한 것이다. 우리는 지금 유럽의 텅 빈 교회당들이 무슬림 집단에 팔려 무슬림 사원으로 둔갑한다고 한탄할 일이 아니다. 과연 내일의 한국 교회당은 안전하다고 장담할 수 있을까?

필자가 유럽 교회사를 공부하면서 어쩌면 한 치의 오차도 없이 유럽 교회의 사양길을 따라가고 있을까 놀라지 않을 수 없다. 유럽 교회의 몰락은 한마디로 교회가 복음을 선포하는 대신 복음을 각색하여 마케팅하면서부터 시작된 것이다. 세상 사람들의 눈에 좀 더

걸어 다니는 **진흙 덩어리**

매력적인 모습으로 나아가기 위해 몸부림치다가 복음만이 간직한 가장 본질적인 '십자가의 걸림돌'을 상실하고 말았다. 오늘의 한국 교회가 추구하고 있는 가장 위험한 시도가 바로 이 부분임을 지적하고 싶다. 하나님이 말씀하지도 않은 것을 너무도 용감하게 '하나님이 말씀하셨다'고 웅변한다. 선포되는 말씀이 '어떻게 하면 회중을 만족시킬 것인가'에만 집중되고 있다는 것이다. 이러한 상태로 나간다면 아마도 죄인들이 만족할 때까지 교회는 변하고 말 것이다. 이렇게 해서 모여드는 회중이 수만, 수십만을 자랑한들 과연 그들이 하나님과 무슨 상관이 있겠는가?

이제 우리 한국 교회는 가던 길을 멈추고 하나님 앞에 무릎을 꿇고 통곡하며 오직 복음만을 선포하겠다고 회개하며 결단할 때라고 사료된다. 왜냐하면 만일 교회가 이 세상을 향해 '예수 그리스도께로 돌아오지 않으면 죽는다'고 외치지 않으면 교회만이 간직한 복음의 힘은 여전히 멎어버리고 말 것이기 때문이다.

지금이 성경이 제시한 마지막 때가 아닌가 하는 생각이 든다. 마지막 때의 징조가 처처에서 드러나고 있다. 그중의 하나가 '막가파 인생'들이다. '막가파'의 득세와 더불어 '막가파 교회'까지 등장한 것은 말세 증후군 중에 가장 실감나는 현상일 것이다. 죄인들의 기호에 맞추려다가 '십자가의 걸림돌'을 제거한 화려한 복음 흉내만

내는 막가파 모습을 교회가 보여주고 있기 때문이다.

무슬림의 막가파 포교전략을 아는가? 한 손에는 칼, 또 한손에는 코란을 들고 자살 테러를 통한 포교를 일삼는 무서운 세력(사탄)을 복음을 상실한 막가파 교회에게 맡길 수 없다. 사도행전에서 보여주듯이 교회의 진정한 역사는 잠자는 다수의 역사가 아닌 깨어있는 소수의 역사이기 때문에 아직 남아 있는 소수의 한국 교회만이 마지막 때의 희망이요 보루이다. 이것이 성격 속에 강조된 '마지막 남은 자'일 것이다.

우리 교회
원로목사님[8]

100만 명의 인파가 고 김수환 추기경을 조문하기 위하여 명동성당을 찾았다고 한다. 그의 명성만큼이나 아름다운 삶이 보여주었던 영향이라고 생각한다. 모르기는 하겠으나 천주교회에 대한 국민의 정서는 한층 고취될 전망이다. 최근 몇 년 사이에 개신교에서 빠져나간 청년들과 지성인들이 천주교회로 몰려든다는 소식을 접하면서 목회자의 한 사람으로서 많은 고뇌와 우려를 하지 않을 수 없었다.

개신교 특성상 지교회와 지교단주의가 빚어냈던 지난날의 갈등과 분열현상은 아무래도 국민의 시각에는 너무 부정적인 이미지로 남게 되었을 것이다. 필자는 고 김수환 추기경의 장례식장 모습을 앞

---

8 한국기독공보 논단. 2009.03.10.

다투어 생중계하는 일반 언론과 방송을 보면서 한편으로는 부러우면서도 또 한편으로는 한국 개신교의 성찰의 기회로 삼았으면 하는 바람이 있다. 어쨌든 고 김수환 추기경은 천주교가 배출해 낸 영웅 같은 원로요, 온 국민이 존경하는 정신적 지주이셨다. "인물은 태어나는 것이 아니라 만들어진다"라는 명언이 생각날 정도로 고 김수환 추기경은 한국천주교가 만들어낸 인물이었음에는 틀림이 없다.

언젠가부터 한국 개신교 안에는 원로목사님들의 수난시대가 왔다는 느낌이 든다. 평생 동안 교회와 노회와 총회를 위해 생을 헌신했던 분들이 마땅히 존경받고 신앙과 정신의 기둥으로 보호되어야 함에도 불구하고 그렇지 못한 것이 안타깝다.

가끔 주변 동역자들로부터 "가장 존경하는 목사가 누구냐?"는 질문을 받았을 때가 있다. 그때마다 나는 망설이지 않고 "우리 원로목사님"이라고 대답한다. 그분은 총회장을 지내시고 서림교회에서 28년간 목회하시다가 정년 은퇴하신 장동진 목사님이시다. 14년 전 처음 서림교회 목회를 시작하면서 뵙게 되었던 우리 원로목사님은 후임자에게 아버지같이 훈훈한 분으로 자리매김하셨다. 정말 송구스러울 정도로 후임자의 목회에 대하여 직·간접적으로 간섭하시거나 평가하신 적이 없으시다. 평소에 과묵하기로 유명한 우리 원로목사님은 교회 현장에서 시무하실 때도 존경을 받으셨지만 은퇴하셔서 더 존경받는 어르신이다.

그가 은퇴하신 후 2-3년이 지나 처음 서림강단에서 하셨던 설교 제목이 "그는 흥해야 하겠고"였다. 그 설교는 후임 목사인 나에게 뿐만 아니라 전 교인이 눈물이 핑 돌 정도로 감동을 주었는데 지금도 기억에 남아 있다. 명절이나 생신날에 한번 찾아뵙겠다고 전화라도 드리면 극구 말리시며 "찾아온 것이나 마찬가지니까 송 목사 몸 건강관리에 힘쓰라"고 당부하곤 하신다. 원로목사님은 주일에는 항상 7시 30분에 시작되는 1부 예배를 드리시는데 항상 앉으시는 좌석이 있다. 맨 좌측 앞에서 셋째 줄인데 나는 강단에 설 때마다 원로목사님의 자리부터 확인한다. 어쩌다 한 번씩 출타하시어 그 좌석이 비어 있으면 마음 한구석이 텅 빈 것 같은 허전함을 느낀다. 목사님은 금년 연세가 84세인데 아직도 정정하시며 새벽 4시에 일어나 교회와 송 목사를 위해 기도하신다는 그분이 계시기에 참으로 든든하고 행복하다. 원로목사님을 뵐 때마다 '살아 계신 성자'의 모습을 대하는 듯하다.

이 글을 읽는 독자들은 정말 오해가 없기를 바란다. 지면의 한계상 다 기록할 수는 없지만 이 글의 내용은 후임목사가 꾸며낸 이야기가 아니요, 조금이라도 더해진 이야기가 아님을 밝히고 싶다. 단지 나의 소원이 하나 있다면 우리 원로목사님이 100세를 넘도록 건강하셔서 한국 교회와 이 사회에 존경받는 정신적 기둥으로 계셨으면 하는 것이다. 앞으로 기회가 주어지면 우리 원로목사님에 대한 아름다운 삶의 이야기를 책으로 펴내고 싶다. 후임자에게 참목자상을 보여주신 우리 원로목사님께 감사한다.

제5부

영성의 깊은 샘
(영성신학 특별 강연)

제5부는 저자의 논문 및 특별 강연 내용을 다시 정리한 것이다.

맨발의
영성

모세는 미디안 제사장인 그의 장인 이드로의 양 떼를 치는 목자가 되었다. 그가 양 떼를 몰고 광야를 지나서 하나님의 산 호렙으로 갔을 때에, 거기에서 주님의 천사가 떨기 가운데서 이는 불꽃으로 그에게 나타났다. 그가 보니, 떨기에 불이 붙는데도, 그 떨기가 타서 없어지지 않았다. 모세는, 이 놀라운 광경을 좀 더 자세히 보고, 어째서 그 떨기가 불에 타지 않는지를 알아 보아야 하겠다고 생각하였다. 모세가 그것을 보려고 오는 것을 보시고, 하나님이 떨기 가운데서 "모세야, 모세야!" 하고 그를 부르셨다. 모세가 대답하였다. "예, 제가 여기에 있습니다." 하나님이 말씀하셨다. "이리로 가까이 오지 말아라. 네가 서 있는 곳은 거룩한 땅이니, 너는 신을 벗어라."(출 3:1-5, 새번역)

영성이란 무엇인가?

성경에는 영성(spirituality)이라는 말이 직접적으로 등장하지 않는다. 그 대신에 영(spirit)이란 표현이 자주 나온다. 영성이란 곧 영을 담는 자리다. 어떤 영을 담느냐, 어떤 영을 섬기느냐에 따라서 그 사람의 영성이 규정되는 것이다. 만일 귀신을 섬기면 귀신 영성이고 부처를 섬기면 부처 영성인 것이다.

기독교 영성은 예수님과의 관계(사귐)에 초점을 맞춘다. 우리 시대의 비극은 관계보다도 "내가 무엇을 하느냐?"에 관심을 집중시킨다는 데 있다. "주님이 나를 어떻게 보실까?", 즉 나 자신을 바라보시는 주님의 눈길을 소홀히 여긴다는 것이다. 이런 의미에서 기독교 영성은 "하나님 앞에 나는 어떤 사람이 되어가고 있는가?"에 초점을 맞추고 있다고 하겠다.

따라서 오늘 우리에게 중요한 일은 이 땅을 개간하는 일보다 우리의 심령을 개간하는 일이다. 또한 무엇을 하느냐보다 무엇이 되느냐이다. 기독교 영성은 '나는 누구인가'에 대한 존재론적 질문을 거듭하도록 한다. 진정한 자아, 즉 '나'라는 존재는 '무엇을 하느냐', 혹은 '무엇이 되느냐'에 따라 규정되지 않는다. 이는 '표면적인 나'일 뿐이다. 그러므로 목사, 장로, 집사가 되기 전에 먼저 진정한 나를 찾아야 한다. 이 일이 기독교 영성훈련의 몫이다.

출애굽기 3장에는 하나님과 모세의 대화가 등장한다. 광야 40년 세월, 모세의 고뇌는 온통 자기 정체성에 대한 회의다. "하나님, 나는 도대체 누구입니까?" 살인자로 쫓기며, 도피자로 살아가면서 모세는 자신의 참모습, 즉 자기다움의 자리를 찾지 못한 채 긴 세월을 보낸다.

이것이 모세의 광야 영성, 곧 갈증 난 영성이다. 다시 말해 쉽게 지치고 피곤해하는 영성이다. 엄격주의 혹은 금욕주의 영성이라고 말할 수 있다. 이는 곧 세례요한의 영성과도 연결된다.

이 광야 영성에서 수도원 영성이 시작된 것이다. 하지만 이것을 가리켜서 기독교 영성이라고 규정할 수 없다. 오늘날 가톨릭의 영성은 수도원 영성에 머물러 있다. 성 어거스틴이, 그리고 종교개혁자 마르틴 루터가 수도원에서 몸이 다 상할 정도로 영성 훈련에 몰입해 있었을 때 그들은 얼마나 번민하고 고뇌를 거듭했는가?

이와 같은 고행이나 엄격주의는 자기됨, 즉 진정한 자아를 찾는 것이 아니다. 오히려 자신의 한계에 부딪혀 더 큰 불안과 회의를 안겨줄 뿐이다. 루터(M. Luther)는 시편을 읽다가, "내 하나님이여 내 하나님이여 어찌 나를 버리셨나이까"(시 22:1)라는 외침 속에서 예수님의 절규를 듣게 되었다.

나 같은 죄인을 살리기 위하여 하나님의 버림을 받아야 했던 예수님을 만나면서, 그분을 영접함으로써 예수님 안에서 참된 자기를 발견하게 된다. 이것이 기독교의 출발이다. 기독교 영성은 예수님과의 관계(사귐) 속에서 자기를 발견해 가는 과정이다. 바울이 진리 안에서 '자기를 재발견'했듯이, 그리스도인은 주님을 통해 자기를 알아가는 사람이다.

모세의 자기 발견

우리는 아차 하는 사이에 가장 중요한 것은 놓치고 너무나 볼품없는 껍데기 인생을 붙들고 살 때가 있다. 하나님이 주신 온전한 삶, 충만한 자아를 누리지 못하고 부분적인 삶, 아니 거짓 자아를 진짜인 줄 착각하고 살 때가 많다.

모세의 광야 생활이 그러했다. 성경대로 모세의 미디안 광야 생활은 40년이란 긴 기간이었지만, 그 시간은 너무나 짤막하게 언급되었다. 왜 그랬을까? 광야에서 지냈던 삶은 진정한 모세의 삶이 아니었기 때문이다. 하나님이 주신 세계는 그것이 아니다. 광야는 하나의 과정일 뿐이다.

이에 반해 모세의 광야 생활을 마감하는 장면은 너무나 자세하게 다루고 있다. 그만큼 중요한 대목이기 때문일 것이다. 모세의 과제, 그의 인생 문제는 "하나님, 도대체 나는 누구입니까?"였다. 모세는 40년 동안 이 내면의 질문을 계속했을 것이다. 여기에 대한 하나님의 대답이 출애굽기 3장에 기록되어 있다.

"모세야, 너는 너를 알고 싶으냐? 그 해답을 알지 못한다면 너는 내 백성을 애굽에서 끌어내지 못할 것이다. 너 자신을 알기 원하느냐? 그렇다면 내가(하나님) 누구인지를 먼저 알라."

이는 나, 곧 하나님을 먼저 추구하라는 것이었다. 모세의 인생 질문에 대한 하나님의 대답은 너무나 분명했다. "네가 나를 점점 더 많이 알수록 너 자신에 대하여도 점점 더 많이 알게 될 것"이라는 말이다.

"너는 나, 곧 하나님의 형상으로 지음 받았기 때문에 그렇단다."
"너는 너의 진정한 자아를 오직 내 안에서만 발견할 수 있단다."

모세가 계속해서 질문한다.

"당신은 누구십니까, 당신의 이름은 무엇입니까?"

하나님은 그 질문에 대답하신다.

"나는 스스로 있는 자니라"(출 3:14).

걸어 다니는 **진흙 덩어리**

하나님의 영 – '나는 스스로 있는 자'

영을 지칭하는 성경의 원어는 두 가지다. 히브리어로는 '루아
흐'(rûah)이고, 헬라어로는 '프뉴마'(pneuma)이다. 구약에 나타나는
하나님의 영은 '루아흐'로 '호흡'이라는 뜻이 담겨 있다. 루아흐는
'하나님의 신, 하나님의 입김'이라고도 말한다. 이는 창세기 1장 2절
에 나오는 '하나님의 신'이다. 루아흐는 곧 창조의 신이다. 피조물과
대조를 이루는 분, 즉 '스스로 있는 자'이다.

창세기 2장 7절은 이렇게 기록하고 있다. "여호와 하나님이 흙
으로 사람을 지으시고 생기를 그 코에 불어 넣으시니 사람이 생령이
된지라."

여기에서 '생기'에 해당하는 단어가 '루아흐'다. 하나님의 입김
이 곧 생기, 루아흐인 것이다. 우리 인간은 하나님의 입김을 담게 되
었다. 이것이 바로 그리스도인의 영성이다. 하나님의 호흡이 인간
속에 끊어지지 말아야 한다. 그 호흡이 곧 생명이기 때문이다. 하나
님의 신, 즉 스스로 있는 자만이 인간을 살리고 죽이는 권세를 지니
고 있다. 인간은 타락하면 죽는다. 왜냐하면 하나님의 신(호흡)이 떠
나기 때문에 정녕 죽는다(창 2:17).

신약에 나오는 하나님의 영은 '프뉴마'로서, 이는 '바람'이란 뜻

으로 사용된다. 프뉴마는 곧 성령이시다. 따라서 성령은 곧 바람이다. 바람은 눈에 보이지 않지만 우리는 느낌(feeling)을 통해 바람이 분다는 것을 알 수 있다.

이처럼 성령은 경험하는 것이다. 죽었던 내가 다시 살고 용서받지 못한 죄인이 용서받았다는 사실을 프뉴마를 통해 경험하는 것이다. 아담의 범죄와 불순종으로 하나님의 입김(호흡)이 떠났는데, 예수님을 통해 보혜사 성령님이 바람이 되어 임재하시는 것을 경험하게 된다.

기독교 영성은 루아흐, 즉 하나님의 입김을 담는 것이고 성령을 체험하는 것이다. 우리 인간은 피조물이지만 스스로 있는 자와 분리된 존재가 아니라 관계를 맺으며 끊임없는 사귐 속에 살아갈 수 있다. 그래서 기독교인은 초월하여 계시는 분, 즉 스스로 있는 자와의 관계를 통하여 자기를 재발견하고, 왜 살아야 하는지, 무엇을 위해 살아야 하는지가 보이는 것이다.

예수님은 요한복음 14장 6절에서 "나는 길이요 진리요 생명이니 나로 말미암지 않고서는 아버지께 올 자가 없느니라"고 하셨다. 이분이 바로 '스스로 있는 자'이다.

종교개혁자 칼뱅(J. Calvin)은 그의 인간론에서 "인간은 스스로 자기를 알 수 없다"고 하였다. 타락한 본성으로서는 도저히 자기를 발견할 수 없다는 말이다. "오직 스스로 있는 자, 하나님 앞에서만 자기를 발견할 수 있다"고 하였다.

그래서 하나님을 알 때 자기를 안다는 것이다. 이런 점에서 칼뱅의 신론은 결국 인간론과 통한다. 지극히 하나님적인 사람이 지극히 인간적인 사람이요, 인간미가 넘치는 사람이 곧 하나님적인 사람이라는 말이다. 기독교 영성은 하나님과의 관계 회복이며 나아가 인간관계 회복임을 잊지 말아야 한다.

예수님과 멀어진 기독교

기독교의 진정한 정체성은 자기 비움과 자기 비하에서 찾게 된다. 기독교 역사 속에 가장 큰 실패의 때는 기독교인이 소수일 때보다는 다수일 때였고, 가정교회(소그룹)일 때보다 휘황찬란한 성당(교회당)일 때였다.

기독교의 대 굴절은 4세기에 콘스탄틴 대제가 기독교를 로마의 국교로 선언하면서 시작된다. 당시에는 기독교인이 되어야만 사회활동이 가능했고 세례를 받아야만 공직생활을 할 수 있었다. 그러나 진정한 신앙고백과 개인의 그리스도인 됨이 약화되면서 기독교는 자기 정체성을 잃어가게 되었다. 교회 강단에서는 하나님 나라보다 세상 나라를 더 강조하기 시작했고 내생보다 이생에서 잘 사는 방법을 가르친 것이다.

이것은 예수님과 전혀 상관없는 양상으로 나아가면서 예수님이 말씀하지도 않은 것을 예수님이 말씀하신 것처럼 확신 있게 가르치고 전파했다. 기독교의 불경(不敬)은 계시 신앙이 윤리 신앙화되면서 극에 이른다. 4세기에서 6세기에 이르는 동안 게르만족의 대이동으로 사회윤리가 험악해지자 로마의 국교가 된 기독교는 앞장서서 윤리회복에 초점을 두어 설교하기에 이른다. 중세 천년의 윤리신학(자연신학)은 이렇게 해서 전개되었다.

기독교가 지나치게 외향적인 삶이나 물질적이고 외적인 삶을 강조하다 보니 정작 예수님께서 말씀하신 하나님 나라의 메시지는 약화 되었다. 그래서 건물이 커야 하고 재정이 많아야 하고 많이 배워야 인정받는 교계의 분위기, 예수님의 정신과는 터무니없이 멀어져 가고 있었다.

자기비움과 침묵

예수님은 제자들에게 "각자 자기를 부인하고 나를 따라오라"고 하셨다. 자기를 비우며 존재하는 것이 기독교인의 영성이다. 기독교인은 마치 죽은 자처럼 날마다 자기를 십자가에 처형시키면서 사는 자들이다. 이런 의미에서 기독교인의 내면에는 절대적인 침묵이 있어야 한다.

자기가 말하지만, 거기에 침묵이 있어야 한다. 그리고 어떤 상황 속에서도 그 침묵이 흔들리지 말아야 한다. 잔물결 하나 없이 자신을 부인하면서 존재하는 삶의 방식을 따라야 한다.

나는 없고 주님만 존재해야 한다. 자기 자신을 이미 십자가에 못박았으니 "이제 내가 산 것이 아니요 오직 그리스도께서 사신 것이다." 이 구절에서 '나'라는 단어는 어쩔 수 없이 사용되는 표현일 뿐, 언어적인 용도 외에 어떤 실체도 없다.

하지만 본문의 모세는 아직 '나'가 살아있고 남아 있다. 이것이 모세의 문제였다. 광야에서 영성훈련이 거듭되는 동안 침묵(묵상)에 관한 한 모세 이상 더 긴 세월을 보낸 사람이 누가 있겠는가? 그럼에도 불구하고 모세의 자아(ego)가 살아서 꿈틀거린다.

"내가 여기 있나이다."

그의 이 고백은 무엇을 의미하는가?

모세가 고백하는 나는 실패한 나, 살인자였던 나, 광야에서 자기 수치와 심연의 고뇌에서 헤매던 나이다. 애굽의 왕자였던 '나'가 광야에서 사는 '나'로 전락하기까지 자존심이 구겨지고 살맛을 잃어버린 게 어디 한두 번이었겠는가! 이러한 나(모세)는 더 이상 나(모세)가 아니다. 하나님이 원하시는 모세가 아니다.

네 발에서 신을 벗으라

하나님은 모세에게 말씀하셨다.

"네 발에서 신을 벗으라."

이는 무슨 말인가? 맨발이 되라는 뜻이다. 이것이 맨발의 영성이다. 모세가 광야 40년의 침묵(묵상) 학교를 졸업할 때 받아야 했던 졸업장은 '맨발'이다. 한 마디로 '나'를 텅 비우라는 것이다. 자아(ego)는 더 이상 없다. 모세는 더 이상 연기자나 배우로 사는 자가 아니다. 정치인도 경제인도 아니다.

그는 더 이상 다른 사람에게 자신의 중요성을 확인시켜주는 존재가 아니다. 이것이 바로 '맨발 영성'을 소유한 자의 모습이다. 우리는 모세가 받았던 맨발의 졸업장을 받게 될 때 비로소 공적인 자리로 나아갈 수 있는 것이다.

왜 사람들은 남을 의식하고 남에게 인정과 관심을 받으려 노력하는가? 왜 자신이 특별한 사람이 되려고 몸부림치는가? 그것은 자기 내면세계에 무엇인가 결핍된 것이 있기 때문일 것이다. 즉 자기 자신이 누구인지조차 모르기 때문이다.

그런 사람은 다른 사람의 눈을 통해서만 자기를 알 뿐이다. 직접적으로는 자신의 존재에 대하여 아무것도 모른다. 그래서 항상 다른 사람을 통해서 알고 나아갈 뿐이다. 다른 사람이 자기에게 좋은 사람이라고 말하면 자신도 그렇게 생각한다. 또 나쁜 사람이라고 말하면 심하게 절망한다. 그 이유가 바로 남의 눈을 통해서만 자기를 보기 때문이다.

언제나 다른 사람의 견해에 의존해서 살기 때문이다. 끊임없이 다른 사람들의 의견을 긁어모아 그들이 원하는 대로 그렇게 살고 싶은 것이다. 이 얼마나 불쌍한 허수아비 인생인가?

다른 사람에게서 빌려온 존재가 진정한 '나'인가? 왜 그것을 수집하러 다니느라 바쁘게 사는가? 다른 사람의 관심을 받을 때 사랑받는다고 생각하는가? 그렇다면 그 사랑은 과연 무엇인가? 그것은 곧 상대적 사랑, 곧 필로스나 에로스의 사랑이 아닌가?

그 사랑은 당신이 사랑하지 않으면 끝나버리는 사랑이다. 이제 맨발이 되어야 한다. 즉 "신을 벗으라"는 말이다. 자아(ego)를 죽이되 철저히 죽여야 한다. 그리할 때 더 이상 사람의 관심(사랑)을 갈구하지 않는다. 이제 모세의 차례다. 모세는 맨발로 나서야 한다. 이것이 그리스도인, 기독자의 자세다.

맨발의 영성

모세가 맨발이 되면서 비로소 깨달은 것은 하나님의 임재, 그리고 하나님의 사랑이다. 하나님의 절대적 사랑이 결핍된 까닭에 모세는 자신감이 없었고 인간에게 상대적 사랑을 구걸하며 살았다. 그래서 그는 하나님의 사랑이 결핍된 그 자리를 메꾸기 위한 가장 손쉬운 방법으로 사람들의 관심을 끄는 삶을 추구한 것이다.

하나님 사랑의 빈자리, 그것은 나를 이렇게 비참하게 한다. 모세는 광야에서 아무도 나를 사랑하지 않는다는 사실을 빨리 깨달아야 했다. 사람들의 관심이란 권력과 재물, 그리고 정치적인 욕심과 야망일 뿐이다. 하지만 자신에게서 그것이 사라지면 사람들은 쉽게 나를 잊어버린다. 사람들이 추구하는 사랑이란 이렇게 허구적이고 찰나적이다.

그러므로 오늘 우리는 최대한 빨리 정치적 야망과 대중적 인기, 물질적 욕망, 그리고 사랑의 허수아비로부터 풀려나야 한다. 사람들의 관심은 그들이 나를 사랑하기 때문에 주어지지 않는다. 그들은 나의 힘과 외모, 권력, 재력 그리고 배우와 같은 유명세에 관심을 쏟는 것이다. 이제 모든 것을 걷어치워야 한다.

그리고 맨발로 다시 시작해야 한다. 버리면서, 낮아지면서, 그리고 주면서 믿어지고 높아지는 존재 방식을 터득해야 한다. 비울수록 채워지고, 평범할수록 비범해지는 삶의 방식, 이것이 우리를 향한 그리스도의 가르침이다. 그것이 바로 주님이 우리에게 보여주신 기독자의 영성인 것이다.

예수님의 맨발

예수님은 맨발로 세상에 오셨다. 그분이 바로 하나님이시다. 그분은 하늘에서 땅까지 내려오셨다. 여우도 굴이 있고 새도 둥지가 있지만 주님은 맨발이셨다. 그 예수님은 죽어야 사는 원리를 사람들에게 가르치셨다. 즉, 낮아져야 한다는 것이다. 주님은 제자들의 발을 씻기시며 너희는 이같이 섬기며 살라고 하셨다. 예수님의 영성은 곧 맨발 영성이다.

우리는 태어날 때, 모두 맨발로 태어났다. 그러나 성장하면서 너무나 많은 것을 입고 또한 신는다. 그것이 없으면 큰일 날 것으로 생각한다. 현대 교회의 영성은 맨발이 아니다. 현대 교회에서는 거지와 병든 자가 함께할 자리가 사라지고 있다. 반면 힘 있고 가진 자가 대접받는 곳이 현대 교회다. 따라서 현대 교회에는 예수님이 거하실 곳이 없게 되었다.

하나님은 세상과 닮은꼴이 되어 가고 있는 오늘 이 시대의 교회를 향해 "신을 벗으라!"고 말씀하신다. 우리는 이 하나님의 음성을 들어야 한다.

기독교 영성의 회복

기독교 영성은 근본적으로 예수 그리스도를 중심으로 하는 성도들의 믿음과 삶의 총체를 가리킨다. 따라서 그리스도인들에게는 그리스도와의 인격적인 교제를 통하여 하나님의 형상을 닮아가는 삶이 요구된다.

하나님의 영성이란, 곧 하나님과 통하는 삶을 의미한다. 이는 하나님의 호흡, 즉 루아흐(ruach)의 회복을 뜻한다. 아담이 잃어버린 루아흐는 하나님의 영이신 성령, 즉 프뉴마를 통해 찾아야 했다. 이것이 오늘 지상교회의 과제 중의 하나다.

피조물인 인간이 초월하여 계시는 하나님과의 관계를 회복하는 길은 오직 성령 안에서만 가능하다. 인간이 하나님과 통할 때, 즉 하나님과 교제할 때 비로소 하나님의 나라(Basileia tou Theo)가 이루어진다.

초월하여 계시는 하나님과의 교통을 위해 예수 그리스도와 연합

걸어 다니는 **진흙 덩어리**

하는 삶이 곧 경건의 삶인 것이다. 예수 그리스도는 아무에게나 임하시지 않는다. 오직 맨발의 영성을 가진 자에게만 임재하신다. 그러므로 우리는 날마다 벗어야 한다. 이것은 곧 죽는 일이다. 바울은 "날마다 죽는다"고 했다.

이는 "날마다 맨발로 사노라"는 고백이다. 바울은 깨달았다. 자기 비움의 원리를 터득한 것이다. 바울은 다메섹 언덕(문턱)을 넘어갈 때, 더 강한 빛(초월적인 빛)에 의해 눈이 멀면서 통하지 않던 주님과 통하게 되었다. 그리하여 "사울아" 하시는 주님의 음성을 들을 수 있었다.

다메섹 언덕을 아는가? 이 문턱은 사울이 바울이 되는 언덕이다. 이는 곧 오늘 우리가 넘어야 할 언덕이다. 큰 자가 작은 자로 변화되기 위해 넘어서는 언덕이다. 신을 벗어야 넘을 수 있는 문턱이다. 맨발이 되어야만 열리는 길, 바울 곧 작은 자의 길이다. 바울은 이런 영적인 고비와 문턱을 넘어서고 난 후 비로소 작은 자의 길을 걷게 되었다.

그는 세상 자랑도 지식도 모두 버렸다. 버림으로써 얻어지는 법을 터득한 것이다. 바울은 맨발의 영성에 사로잡히는 비밀을 알아차린 사람이었다. 그리하여 가난한 자 같으나 부한 자요, 무명한 자 같으나 유명하게 되는 비밀의 문을 넘어설 수 있었다.

다메섹 문턱을 통해 바울에게는 자비와 베풂의 길, 겸손과 낮아짐의 길이 열렸다. 그리하여 바울은 일평생 비움의 삶을 살았다. 그는 내어줌으로써 자기 내면에 임재하는 초월적 힘(energy)을 충전시킨 것이다.

오늘날 현대 교회가 넘어야 할 문턱이 곧 이것이다. 초월적인 하나님의 힘을 충전시키기 위해 버릴 것은 아낌없이 버려야 한다. 즉 신을 벗으라는 말이다.

한국 교회를 향한 고언

인간은 원래 태어나면서부터 하나님과 교통하며 살 수 있는 영성의 자리, 즉 두뇌의 영역을 부여받았다. 프로이드에 의하면 인간은 동물에게 없는 피질, 즉 이성과 사유, 영적인 느낌을 갖고 태어났다. 동물에게는 수질(獸質), 즉 동물성과 원초적 본능만 존재한다. 그런데 인간이 타락하면 피질(인간성)이 약화되고 수질만 왕성해진다고 한다. 범죄를 일삼는 사람이나 타락한 인간은 수질, 즉 원초적 본능에 의존하여 사는 사람이다.

안타깝게도 오늘날 많은 이들이 피질이 아닌 수질 중심적 삶의 방식에 익숙해 있음을 보게 된다. 그뿐 아니라 인간답게 살고자 애

쓰고 노력하는 피질 중심형 인간들 역시 그 삶의 스타일과 방식이 너무나도 다양한 모습으로 나타난다.

그래서 쟈크 라깡(Jacques Lacan, 1901-1981) 교수는 이렇게 분석하였다. 하나님은 당신이 만드신 걸작품인 인간의 두뇌 속에 IQ(지능지수 : 기억력), DQ(추리지수: 상상력), EQ(감성지수: 포용력), CQ(매력지수: 흡입력), SQ(영성지수: 영력)을 모두 주셨는데, 인간은 대부분 이들 지수 전체가 활성화되지 못하고 일정 부분만 활성화된 채 묶여서 살아간다는 것이다.

현대는 지능지수(IQ)가 높은 사람들이 인정받고 쓰임 받는 시대 아닌가? 그래서 우리가 사는 시대는 지능지수 천재는 많지만, 영성지수 천재들을 찾아보기 어려운 시대가 되었다.

구약의 선지자들과 신약의 사도들을 보라, 이들은 영성지수의 천재들이다. 남이 보지 못한 세계를 앞서서 보며, 아무도 말할 수 없는 하나님의 세계를 말할 수 있었던 사람들이다. 오늘의 그리스도인들은 예수 그리스도를 통해 SQ(Spiritual Quotient, 영성지수)가 수리된 자들이라고 말할 수 있다. 타락하여 부서지고 녹슬어버린 SQ가 예수님에 의해 고쳐진 것이다.

기독교 영성훈련이란 곧 SQ 훈련이다. 하나님과 교제할 수 없는 고장 난 SQ 안테나를 수리하는 훈련이 영성훈련이다. 이 훈련은 금욕주의나 엄격주의 훈련, 수도원의 수도사 양성 훈련을 가지고서는 안 된다. 오히려 더 고뇌해야 하는 복잡한 훈련일 수 있기 때문이다.

현대는 루터와 칼뱅 등 종교개혁자들의 영성에 기초한 경건 훈련이 필요한 시대다. 하나님의 말씀과 복음을 통해 자기를 비우고 교만을 물리치며 더 낮아진 영혼, 겸손한 영성으로 하나님의 임재를 체험하고 하나님의 사랑과 그분의 긍휼하심을 경험하도록 하는 훈련이 필요하다. 다음 장에서 우리는 이 경건에 이르는 훈련(연습)에 대해서 살펴볼 것이다.

필자는 칼뱅 전통의 개혁신학을 공부하면서 개혁 교회 안에 광범위하게 퍼져 있는 가톨릭 영성, 소위 수도원 영성을 무섭게 경계하게 되었다. 감히 단언하건대 현재 한국 교회 안에 소개된 대부분의 영성 신학은 가톨릭 영성 신학의 요소들이거나 그 부스러기에 해당한다고 할 수 있다.

이제 우리는 개혁 교회의 영성으로 돌아와야 한다. 지금이 그토록 몸을 던져 개혁의 불을 지폈던 개혁자들의 경건한 삶과 경건의 영성을 회복해야 할 시기라고 생각한다. 그래서 우리는 '영성 훈련'이라는 광범위한 의미와 용례를 가진 용어보다는 좀 더 구체적이고 성경적인 용어라고 할 수 있는 '경건 훈련'이란 용어를 사용할 필요가 있다.

걸어 다니는 **진흙 덩어리**

경건에 이르는
훈련

저속하고 헛된 꾸며낸 이야기들을 물리치십시오. 경건함에 이르도록 몸
을 훈련하십시오. 몸의 훈련은 약간의 유익이 있으나, 경건 훈련은 모
든 면에 유익하니, 이 세상과 장차 올 세상의 생명을 약속해 줍니다(딤전
4:7-8, 새번역).

훈련 없는 경건은 없다

운동선수가 경기를 출전하기에 앞서 훈련에 전념하는 것처럼 성
도들에게도 훈련은 매우 중요하다. 운동선수가 경기를 앞두고 연습
에서 얼마나 피땀 흘리는 고된 훈련을 효과적으로 하느냐에 따라서

우승의 면류관의 향방이 결정되듯이, 성도들이 얻게 될 영생의 면류관은 경건에 이르는 연습 여하에 달려 있다.

바울은 이 세상이 감당하지 못할 만큼 영적 생활에서 앞서간 사람이다. 그는 성도들에게 "땅에 있는 육체를 죽이라"(골 3:5)고 권면하면서 "나는 날마다 죽노라"(고전 15:31)고 고백했다.

여기서 바울의 "죽는다"라는 말은 자기 부인의 극단적 표현이다. 이처럼 자기를 부인해야 할 이유는 간단하다. 하나님과 대면하는 삶, 곧 경건 생활로 나아가려면 피나는 훈련을 통한 자기 부인의 외침이 필수적이기 때문이다.

그리스도인이 이르러야 할 경건은 훈련과 연습 없이는 도달할 수 없으며, 이는 날마다 반복되는 훈련을 통해서만 가능하다. 그렇다면 경건 연습이란 구체적으로 무엇을 말하는가?

칼뱅(J. Calvin)에 의하면, 경건에 이르는 연습은 성도들의 삶의 초점을 하나님께 맞추기 위한 거듭되는 훈련을 가리킨다. 이것은 마치 텔레비전 채널이 고유 방송국의 숫자에 맞추어야 그 화면이 나타나는 것과 같다. 마찬가지로 그리스도인의 삶의 목적은 오직 하나님의 부르심에 일치되어야 하며, 그분을 영화롭게 하는 데 그 초점이 맞춰져야 한다.

걸어 다니는 **진흙 덩어리**

개혁 교회의 경건 훈련

그렇다면 우리는 어떻게 경건에 이르는 훈련을 실시할 수 있는가? 이에 대한 개혁 교회, 특히 장로교의 모델을 제시해 보겠다.

필자는 경건 신학을 연구하면서 교회사 가운데 나타났던 경건 운동가들이 모형으로 삼았던 경건과 영성 훈련의 자료들을 접하게 되었다. 당시의 시대 상황과 주도적인 인물이 누구였는지에 따라 특징적인 부분들이 나타나지만, 필자는 이런 사료들을 칼뱅의 사상과 영성에 기초해 장로교적인 틀에 맞추고자 숙고했다.

경건 연습에서 행위를 먼저 강조하느냐 아니면 행위 이전의 동기인 신앙 자세를 강조하느냐 하는 것은 매우 중요한 부분이 아닐 수 없다. 왜냐하면 이 양자는 신학적으로 항상 긴장 관계에 있기 때문이다. 성경에서도 야고보와 바울의 강조점이 대조를 이루고 있는 것처럼 경건 훈련에서도 이는 매우 중요한 문제다.

개혁 교회 신학의 중심이라 할 수 있는 '하나님의 은총의 신학'은 행위 이전의 동기를 강조하고 있다. 통상적으로 정통 개혁 교회의 뿌리를 칼뱅과 녹스(J. Knox)의 신학 사상에 두고 있는데 이들은 모두 '하나님의 은혜'를 먼저 거론하였다.

이를 통해 알 수 있듯이 개혁 교회의 경건 훈련은 하나님을 향한 성도들의 신앙 자세와 태도에 관한 훈련이 우선되며, 그 이후에 자연스럽게 그에 따라 이어지는 행위들을 언급할 수 있다.

　개신교 영성과 경건훈련에 대해서 우리가 흔히 혼동하여 쉽게 범하는 잘못이 있다. 그것은 기독교의 경건 훈련을 유교와 불교 등 일반종교에서 강조하는 행위와 성품 훈련에 묶어 버린다는 점이다. 이런 측면에서 경건과 절제 운동을 행위와 성품 훈련에 결부시켜 생각하는 것은 많은 위험성을 내포하고 있다고 하겠다. 사실 이런 운동은 일반 사회단체에서도 얼마든지 펼칠 수 있는 내용으로, 때에 따라서는 기독교적 의미와 전혀 상관없는 전개도 가능하다는 점을 유념해야 한다.

　나아가 기독교의 경건 훈련은 산속에서 실시하는 수도 생활과도 구분해야 한다. 칼뱅의 경우 중세 말기와 근대 경건주의(13-16세기)의 수도원적 영성을 따르면서도, 그 한계를 완전히 극복해 낸 사람이다. 개혁 교회의 경건 훈련이 가톨릭의 그것과 다른 이유를 우리는 여기에서 찾을 수 있다.

1. 묵상 훈련

예수의 소문이 더욱 퍼지매 허다한 무리가 말씀을 듣고 자기 병도 나음

을 얻고자 하여 모여오되 예수는 물러가사 한적한 곳에서 기도하니라

(눅 5:15-16).

경건 운동가들이 말하는 경건의 완전한 모델은 예수 그리스도이
시다. 특히 중세 말기 근대 경건주의자들은 신비주의적 색채를 띠고
'그리스도를 본받아'를 표어로 삼았다.

예수님이 보여주신 경건의 모범 가운데 하나는 분주한 사역과
일과 속에서도 한적한 장소로 피하여 하나님과 자신의 단둘만의 시
간을 가지셨다는 점이다. 제자들이 바쁜 일정을 보내고 있을 때,
주님은 그들을 향해 조용한 곳에서 쉬며 기도하라고 명하셨다(막
6:31).

그래서 하나님께 초점을 맞추는 데 있어 가장 우선적인 훈련은
한적한 장소에서의 '묵상하는 기도'다. 이 묵상 훈련은 날마다 세상
속에서 많은 무리와 더불어 살면서 자신도 모르게 어긋나고 빗나간
삶을 정리하고, 하나님께 구체적인 소원을 아뢰며 하나님의 음성을
먼저 듣고자 하는 1단계 훈련이라고 할 수 있다.

이를 근거로 하여 가톨릭에서는 '피정(避靜) 훈련'이라고 부른다.
어쨌든 예수님은 매일 허다한 무리의 호위 속에서 살아야 했으나 한
발 물러나서 한적한 장소를 찾아 기도하러 나선 것이다. 그곳에서는

나 홀로 하나님 앞에 서는 것이고, 자연히 인간의 말이 멈추고 하나님께 생각을 고정하게 된다.

묵상 훈련에는 수도원적 분위기가 배어 있음이 사실이지만, 경건한 사람들은 언제나 묵상하는 생활을 게을리하지 않았다. 모세가 미디안의 광야에서 사십 년 동안 묵상하는 생활을 하는 가운데 호렙산에서 하나님의 부름을 깨닫게 되었고, 다메섹으로 가던 중 예수님을 만난 바울은 사역을 시작하기에 앞서 아라비아 광야에서 삼 년 동안이나 묵상 훈련을 했다.

우리가 묵상하는 이유는 하나님의 뜻을 깨닫고, 그분의 음성을 듣기 위한 목적 외에 아무것도 없다. 오늘날 개신교는 목사나 평신도나 할 것 없이 지나치게 말을 많이 하고 바쁘게 살아간다. 심지어 예배 시간에 드리는 묵상기도까지 간구와 인간의 호소로 끝나 버릴 정도로 하나님의 뜻에 귀 기울이는 침묵의 시간과 공간이 마련되지 않았다.

개신교들이 경박하다고 지적받는 이유 가운데 하나는 묵상하는 시간보다 어린아이처럼 잘잘거리는 습관 속에 말을 많이 하는 데 있다. 우리가 침묵하지 않으면 상대방의 말을 듣지 못하는 것처럼, 하나님의 뜻을 알기 위해서는 인간의 말을 멈추어야 할 때가 있다. 하나님의 사람들이 회중의 가슴을 쪼개는 능력 있는 말을 하게 된 배후에는 이 침묵 훈련이 있다. 그들은 침묵 훈련을 통해서 하나님께로부터 임하는 영적인 힘을 받았기 때문이다.

우리가 말을 멈추고 묵상에 잠기노라면 우리 안에 간직된 신앙의 머리(RQ, religious Quotient)가 활발하게 작동하기 시작하여 영적인 생각과 더불어 거룩한 느낌에 사로잡히게 된다. 이것을 글로 표현할 때 영감이 담긴 시와 설교를 붙잡을 수 있다. 그래서 하나님께 나아가는 첫 단계 경건 연습은 묵상의 기도에 있다. 하나님의 영감을 받아 감동의 시를 쓴 시편 기자들은 한결같이 묵상기도의 사람들이었다.

나는 주의 법도를 묵상하리이다(시 119:78).

묵상하는 가운데 그 묵상을 방해하는 상념과 잡념이 떠오를 때가 있다. 그때 시편의 말씀을 눈과 마음으로 읽으면 묵상기도에 많은 도움을 받을 수 있다.

2. 경외하는 훈련

경건에 이르는 훈련의 제2단계는 오직 하나님을 경외하는 일이다. 1단계의 묵상 훈련은 자연스럽게 우리를 하나님을 경외하는 자리로 이끌어 간다.

하나님이여, 사슴이 시냇물을 찾아 갈급함같이 내 영혼이 주를 찾기에
갈급하니이다(시 42:1).

마치 사냥꾼에게 쫓기는 사슴이 목이 말라 갈급하듯이 하나님을
향한 시편 기자의 경외하는 마음이 참으로 간절함을 알 수 있다. 이
어서 다윗은 하나님을 향한 자신의 열망을 다음과 같이 표현한다.

내가 여호와께 청하였던 한 가지 일 곧 그것을 구하리니, 곧 나로 내 생전
에 여호와의 집에 거하여 여호와의 아름다움을 앙망하여 그 전에서 사모
하게 하실 것이다(시 27:4).

여기에서 볼 수 있듯이, 다윗은 하나님의 아름다움을 묵상하고
즐기는 것으로 그치지 않았다. 그는 하나님 자체를 열망하고 구하였
다. 의미 없는 묵상은 오히려 잡념과 걱정을 가져다주기 때문에 피
곤을 더해 주지만, 성도들의 하나님에 대한 경외의 훈련은 경건에
이르는 지름길이 된다.

바울에게도 역시 하나님을 경외하는 훈련이 있었다. "내가 그리

스도를 알려 하여"(빌 3:10)라는 구절은 바울의 경외하는 열망의 단계를 강하게 묘사하고 있다. 하나님의 경이로운 인격을 더 확실하게 붙잡으려는 결의에 찬 마음이 엿보인다.

하나님의 사람들은 늘 이런 마음을 간직했었다. 무한한 위엄과 거룩하심 가운데 계시는 하나님을 바라보며 묵상할 때마다 갈보리 십자가 위에 쏟아부어진 그분의 넘치는 사랑과 은혜 아래 사로잡힌 것이다. 그들은 하나님 한 분만으로 만족하면서 그 하나님과 더 깊고 풍부한 경험을 열망했다.

이런 경외의 훈련이 현대의 교회에 속한 성도들에게 낯설게 들릴지 몰라도 하나님을 갈망하며 교제하려는 열심은 경건한 삶으로 이어짐을 알아야 한다. 물론 현대를 살아가는 그리스도인들은 이보다 더 실제적인 일에 머물기를 바라며, 매일 처리해야 할 수많은 일거리와 사역 활동에 더욱 매진해야 한다는 생각이 앞설 수도 있다.

그러나 과연 바울보다 더 실제적인 삶의 현장에서 바쁜 사역을 한 사람이 있으며, 다윗보다 더 많은 어려움을 안고 하루하루 살았던 사람이 있을까? 그런 가운데서도 그들은 어떤 일보다 여전히 살아 계신 하나님을 경외하고 교제하는 시간을 마련했다.

경외의 훈련을 통해 그들은 하나님을 경외하고 그분과 교제하는 시간이 자신들의 삶과 사역을 가장 효과적으로 만들어 가는 것을 알게 되었다. 이 경외의 훈련이 지속되는 한, 그들의 삶은 언제나 하나님을 영화롭게 하며 그분을 기쁘시게 할 것이다.

바울은 하나님의 경외하는 일에 있어서, 마침내 그분을 닮아가려고까지 하였다. 이렇게 될 때 비로소 하나님의 영이 우리를 향하여 역사하기 시작한다.

그러므로 경건한 사람들에게 있어서 하나님을 경외하는 훈련은 그들의 일상의 삶과 사역 전체를 지배했다. 주님이 내 안에 거하시고 내가 주 안에 거하는 것을 가리켜 '영통'이라고 한다. 영적인 새로운 세계가 열리는 것이다. 하나님을 향한 경외의 훈련은 우리의 신앙지수(RQ)를 높여 그 새로운 세계를 열어가는 단계다.

3. 건전한 긴장 훈련

하나님을 경외하는 가운데 더욱 그분께 나아가게 되면 성도의 가슴 속에는 하늘에 계시는 거룩하신 하나님과의 관계에 있어 피조물로서의 어린아이와 같은 신뢰심이 솟아나게 된다. 그와 동시에 건전한 긴장 관계가 형성된다.

성도들에게 이런 긴장이 없으면, 아버지와 아들 사이는 지극히 경솔한 관계에 머물고 만다. 오늘날 그리스도인들이 범하는 심각한 죄의 하나는 자주 도리에 벗어날 정도로 천박한 친근함을 가지고 하

걸어 다니는 **진흙** 덩어리

나님께 나아가는 것이다. 경건한 사람들이 하나님을 두려워하며 살았듯이 우리가 하나님께 가까이 나아갈수록, 그분을 사랑하는 만큼 우리의 마음이 긴장되며 두려운 생각이 떠오른다.

사랑하는 자 앞에서는 누구나 경박한 행동을 피하고 싶어 한다. 마찬가지로 하나님께 나가는 성도의 마음은 항상 건전한 긴장이 있어야 하며 책임 있는 삶을 추구해야 한다.

그래서 히브리서 기자는 경외하는 마음으로 하나님을 불렀고 동시에 경건함과 두려움으로 예비해야 한다고 말했다(히 10:19). 왜냐하면 "하나님은 소멸하시는 불"(히 12:29)이며, "가까이 가지 못할 빛"(딤전 6:16)에 거하시기 때문이다. 그러나 경건한 마음에서 오는 두려움은 불신자가 갖는 두려움과 전혀 다른 개념임을 알아야 한다.

간단히 말해서, 불신자들은 신앙(fides)에 기초하지 않는 불신앙(diffidentia)에서 나오는 두려움을 갖는다. 우리가 "하나님을 두려워한다"라는 말에 반감이 생기는 까닭은 이 말의 참뜻을 모르고 오해한 데서 비롯된다. 우리의 두려움은 불신자들이 가진 불신앙으로 말미암는 공포나 불안의 개념과 구별되며, 하나님을 존경하고 경외하는 데서 오는 건전한 긴장감으로서의 두려움이다.

물론 그리스도인들은 하나님의 진노에 대한 두려움으로부터 근본적으로 해방되었지만(요일 4:18), 다시는 범죄하지 않도록 하나님께서 우리를 연단하시는 그 긴장감은 우리의 삶 가운데 계속되어야 한다는 말이다.

따라서 성도들은 여전히 하나님을 두려워할 줄 알아야 한다. 우리는 두렵고 떨림으로 우리 구원을 이루어 가야 한다(빌 2:12). 지상에서 사는 성도들은 나그네로서의 삶을 두려움으로 지내야 할 것이다(벧전 1:17).

하나님을 두려워할 줄 아는 긴장감에서 비롯된 경외의 태도가 건전한 긴장으로 이어지는 것이다. 이런 경건성은 하나님의 진노가 아닌 그분의 위엄과 사랑에 초점을 맞추고 있다. 우리의 마음에 하나님께 대한 두려움이 없으면 그분 앞에서 경건해질 수 없기 때문이다.

경건한 그리스도인들은 하나님의 사랑 안에서 그분을 깊이 경외하는 훈련과 더불어 그분을 경배하는 엄숙한 신앙의 자세와 태도를 회복해야 한다. 하나님이 창조주이시며, 온 우주의 절대 주권자이심을 새로운 시각으로 보아야 할 것이다.

이는 오직 경건의 연습으로만 가능하다. 비록 하나님의 형상대로 창조되었음에도 불구하고, 창조주와 피조물인 인간 사이에는 너무나 큰 질적인 차이가 있다. 이 한없는 차이를 느끼면서 마음속 깊이 하나님을 경외할 때, 그분을 두려워할 수 있는 것이다. 이 두려움은 곧 하나님의 권위와 능력을 시인하고 인정하는 것이다.

걸어 다니는 **진흙 덩어리**

성경이 우리에게 보여주고 있는 하나님의 영광은 우리의 말로써 이루 다 형용할 수 없다. 우리의 인식이 희미하고 한정된 까닭에 지금 우리는 희미하고 어렴풋하게 볼 수밖에 없다. 그러나 그날이 오면, 우리는 그분의 얼굴을 마주 대하며 그분과 함께 동거할 것이다.

그날을 바라보며 지금 우리는 허리띠를 동이고 긴장감 넘치는 경건 생활을 해야 한다. 즉 하나님은 우리로 하여금 하늘나라에서 영원토록 자기와 함께 거할 수 있도록 우리를 준비시키는 중이다. 그래서 그분은 우리가 당신의 거룩함과 경건함에 이르도록 자라기를 바라신다. 일상 가운데서 이런 삶을 향해 매진하는 것이 바로 경건 연습이다.

우리 시대는 하나님의 사랑만을 너무 크게 외친 나머지 그분을 향한 두려움에는 아주 무감각해진 상태다. 이 때문에 우리는 마땅히 하나님께 드려야 할 영광과 존귀를 다 드리지 못하고 있다. 우리가 그분의 사랑과 은혜를 맘껏 누리는 것도 좋지만, 그분의 위엄과 거룩함을 바라보는 시야까지 상실해서는 안 된다.

참된 경건은 하나님을 두려워하는 신앙에서 시작하며, 이는 행위에 대한 바른 통제로까지 이어지게 된다. 하나님을 향한 그리스도인들의 두려움은 순종의 주된 동기이며, 신앙하는 모든 태도를 결정하는 요인이 된다.

즉 우리가 하나님을 경외한다면 그분을 사랑하게 되고, 그분을 사랑하기에 자연스럽게 그분을 두려워하게 되며, 그 진실함에 합당한 책임으로서의 순종이 따르게 된다. 왜냐하면 모든 불순종의 행위는 그분의 권위와 위엄을 거역하는 것이기 때문이다. 이처럼 하나님과의 건전한 긴장에 이르는 훈련이 거듭되면, 우리를 향한 하나님의 부르심, 즉 각자에게 주어지는 소명을 깨닫게 된다.

4. 대면하는 훈련

첫 번째 단계에서 시작하여 세 번째 단계까지의 경건 연습에 이르면 우리는 하나님을 영화롭게 하며 그분의 사랑에 붙들림을 받는 단계로 나아가게 된다. 그래서 경건에 이르는 길목에서 거룩하신 하나님과 죄를 범한 피조물 사이에 놓인 무한한 질적인 차이, 즉 존재의 간격을 깨달음과 동시에 주 예수 그리스도의 죽음을 통해 이 간격에 다리를 놓으신 하나님의 사랑을 보게 된다.

우리를 향한 하나님의 사랑은 여러 가지 양상으로 나타나지만 우선 우리에게 임재하시어 교통하시는 하나님을 경험한다. 하나님을 두려워할 줄 아는 백성에게 그의 진노를 가라앉도록 하시기 위하여 하나님은 자기의 아들을 화목제로 보내셨다(요일 4:9-10).

그래서 경건한 사람은 그리스도께서 죄인들을 구원하시려 이 땅에 오셨다는 사실을 확고히 알게 된다. 논리적인 개념에 묶여 지극히 객관적인 태도로 머리로만 예수님을 믿으려 했던 사람들이 경건 훈련을 통해 직접 그리스도와의 만남을 맛보고 난 후에는 구체적으로 그리스도를 "나의 주, 나의 하나님"으로 고백하기에 이른다. 어느 날 갑자기 "하나님이 나를 사랑하시며 그리스도께서 나를 위해 돌아가셨다"는 사실을 깨닫고 더욱 성숙한 성도로서의 삶을 살아가게 되는 것이다.

바울은 디모데전서에서 복음 전파를 위해 자신을 불러 주신 하나님의 은혜를 언급하고 있는데, 자신이 전에는 박해자요 폭행자이며 죄인 중에 괴수(딤전 1:15)였던 자신을 하나님이 불러냈다고 고백하고 있다.

이처럼 바울은 하나님과의 대면을 통해서 자신의 죄성을 심각하게 인식하게 되었고, 동시에 자신을 향한 그분의 지극한 사랑을 바라보게 되었다. 즉, 하나님의 온전하신 뜻을 붙들기 위해 그분과 대면하는 가운데 오히려 자신의 죄인됨을 더 많이 보았고, 자기를 위해 예수 그리스도를 보내사 죽게 하신 하나님의 사랑을 더 깊이 알아차리게 된 것이다.

우리가 잘 아는 대로, 바울은 하나님 앞에 서기 전에 스데반을 포함한 예수 믿는 자들을 핍박했고, 동료들과 함께 그들에게 돌을 던졌다. 돌에 맞아 죽기 직전 스데반 집사는 성령으로 충만하여 하나님의 말씀을 전했다. 바울과 그 일행은 이 말을 듣고 마음에 찔려 이를 갈았고 급기야 돌을 던져 그를 죽게 하고 말았다.

스데반의 마지막 죽음의 순간은 마치 예수님의 마지막 모습 같았다. 그는 자신을 돌로 치는 자들을 위해 기도하며 천사의 얼굴로 환하게 죽어간 것이다. 이 장면을 똑똑히 바라보았던 바울, 당시 사울의 마음은 계속 찔렸을 것이다. 아마도 그는 스데반의 모습을 통해 예수님의 모습을 접하게 되었을 것이다(행 7:54).

다메섹으로 향할 때 이미 바울의 영혼은 쪼개지는 단계였을 것이며, 내면에서 그 완악함이 무너져 내리고 있었을 것이다. 어거스틴(Augustinus)이 표현한 대로 스데반은 자신의 죽음을 통해 바울을 얻은 것이다. 바울이 예수 그리스도와 영통했던 다메섹의 순간은 말 그대로 하나님과의 대면의 시간이라 할 수 있다. 갑자기 이루어진 사건 같지만, 스데반의 죽음 이후부터 계속된 영적 자극을 통한 하나님 체험이 이루어진 것이다.

성경은 이런 영적 경험의 시간을 카이로스(kairos), 즉 하나님의 시간이라 규정하는데, 이는 곧 하나님과 대면하는 수직적 시간을 가리킨다. 말하자면 바울이 지금까지 살아왔던 크로노스(kronos)의 삶, 즉 역사상의 수평적 삶의 시간을 통해서는 대면할 수 없었던 하나님을 카이로스 시간을 통해 만나게 된 것이다.

경건 훈련은 우리의 수평적인 삶의 방향을 하나님께 맞추는 훈련이다. 즉, 특별한 장소와 특별한 시간을 마련하여 하나님을 대면하는 연습을 가리킨다. 침묵과 묵상의 시간이 지나고 하나님에 대한 사랑의 증거로서의 두려움의 순간이 지나면, 그분의 구체적인 음성을 듣거나 영적으로 임재하심의 뜻을 알아차리는 체험단계에 접어든다. 따라서 하나님과 대면하는 수직적 시간의 경험은 성도들의 영적 상황과 장소에 따라 다양하게 임한다.

이를 일률적으로 규정하거나 말하려고 할 때 우리는 하나의 오류에 직면하게 된다. 모세가 미디안 광야에서 경험한 묵상의 삶은 호렙산 딸기나무 가운데 나타난 하나님의 부르심으로 구체화되었다. 또한 아브라함이 기도할 때 들려온 음성과 엘리야에게 세미하게 임한 하나님의 음성은 각각 그들의 영적 상황과 형편에 맞추어 하나님이 다가오시는 방식이라고 할 수 있다.

하나님을 대면하는 경건의 단계에서 우리가 공통으로 발견할 수 있는 사실이 있다. 성경의 경건한 사람들은 하나님과의 시각적 만남 이전에 한결같이 청각으로 먼저 대면했다는 사실을 잊지 말아야 한다. 경건 훈련을 통해 하나님의 마음에 합한 자는 하나님의 부름과 음성을 들을 수 있는 단계에까지 이르는 것이다. 이처럼 수직적 시

간 속에서 영적 청각으로 들려오는 하나님의 호출은 분명한 목적과
그분의 뜻이 담겨 있는 것이다.

걸어 다니는 **진흙 덩어리**

근대 경건과
칼뱅의 경건

들어가는 말

개신교의 본질은 출발부터 경건에 있었다. 개신교 안에서 경건의 개념은 아무리 강조해도 지나침이 없는 부분이다. 교회사 속에 큰 역할을 했던 훌륭한 신학자나 목회자들은 모두 경건한 사람들이었다. 우리는 루터와 칼뱅 신학의 출발이 둘 다 경건에 있음을 안다.

그러나 오늘의 개신교는 과거에 비하여 경건의 중요성을 덜 강조하는 데 문제가 있다. 예를 들어 경건의 특징 중 하나는 성경에 대한 개인적, 단체적 독본이라 하겠는데, 알다시피 오늘의 개신교도들은 과거에 비하여 성경을 덜 읽는다는 것이다. 한마디로 과거 16-18

세기 프랑스 개신교 안에서 경건의 삶은 오늘날 현대 개신교 안의 그것보다 더 대단했다. 이 글에서는 그들이 보존했던 경건의 내용들을 찾아보고, 이를 오늘 현대 교회의 상황에 적용해 보고자 한다.

초창기 프랑스 개신교도들이 겪은 경험과 현 한국 교회의 상황은 하나의 유사점이 있다. 즉 그들은 다음과 같은 두 가지 현상에서 오는 중요한 충돌을 보여 왔다. 하나는 합리주의 사고에 바탕한 종교적 분위기에 따르는 영적 침체 현상이고, 다른 하나는 이 연구 속에 나타나듯이 개신교도들의 경건 생활을 기초로 한 영적 갱신운동이다. 우리의 관심은 교회가 신자들의 영적 갈망에 얼마만큼 응답하느냐 하는 것인데, 프랑스 개혁운동의 선봉에 섰던 칼뱅의 경건에 대해 알아보고자 한다.

경건을 어떻게 말할 것인가?

'경건'이란 단어가 갖는 영적 의미들을 정확하게 규정하기란 매우 모호하고 힘든 작업이 아닐 수 없다. 일반적으로 '경건'이란 단어 안에는 매우 다양한 의미들이 중첩되고 있는데, 그것을 이해하는 태도와 방법에 따라 종교의 본질과 신앙의 실체를 드러낸다.[1] 우리가

---

1   M. Viller et all., *Dictionaire de Spiritualité, Asetique et Mystique doctrine et*

붙들고자 하는 개혁 교회의 경건 개념을 찾아내려면 이것과 구별되는 다른 의미들을 벗겨내야 한다.

프랑스어 사전에서는 일반적인 경건의 의미를 "신에 대한 봉사 그리고 종교에 대한 의무와 실천"으로 표현하고 있는데,[2] 이 의미는 라틴어 '피우스'(pius)와 '피에타스'(pietas)에 근거를 두고 있다.[3] 피우스와 피에타스는 신과 국가, 부모와 주인에 대한 인간의 의무들을 가리키며, 이는 그리스어 '유세베이아'(eusebeia)와 유세베스(eusebes)와 밀접한 관계를 가지고 있다.[4] 결국 그리스어에서 경건의 의미는 국가(그리스)에 대한 헌신, 주인에 대한 복종, 부모에 대한 존경 및 경외심을 일컫고 있다.[5] 말하자면, 고대에서 경건의 개념은 신과 국가, 부모, 주인에 대한 의무와 경외 및 희생으로 표현되는데,[6] 대체적으로 경건이 뜻하는 바는 아주 포괄적이고 넓은 의미로 사용됨을 알 수 있다.

그러나 프랑스 경건(주의)의 모체가 되었던 13세기로부터 16세

Histoire., Tome Ⅹ Ⅱ *2 e partie, Piatt Quodvultdens*, Paris, Beauchengne 1986, p.1696.

2 Paul Robert, *Le Petit Robert I Dictionaire alphabetique et de la langue francais, Vol., 1*. Paris, le Robert, 1967, p.1434.

3 F. Gaffiot, *Dictionaire. Latin-Francais*, Paris, Hachetti, 1934, pp. 1179-1185.

4 M. Viller et all. op, cit., pp.1695-1696.

5 Ibid.

6 여기에서 신에 대한 개념은 기독교의 하나님이 아닌 신화 가운데 나타나는 신개념을 가리키고 있다.

기에 이르는 근대 경건(devotio moderna)에 와서 '경건'(pietas)은 '헌신'(devotio)이라는 용어와 함께 쓰인다.[7] '피에타스'가 갖는 독특한 개념은 보이지 않는 하나님의 은혜와 사랑에서 출발하여, 그에 대한 인간의 응답으로서 날마다의 삶의 내용을 가리킨다.

그러나 '데보티오'(devotio)는 보이는 세계에서 인간들이 행해야할 의무와 헌신, 실천에 중점을 둔다. 중세 말 근대 경건주의가 '데보티오'라는 용어에 친숙해져 있을 때, 칼뱅은 이를 '피에타스'로 확고하게 환원시킨다. 칼뱅에게 있어서 경건은 예배행위, 바른 태도, 하나님을 경외하고 두려워하는 날마다의 삶을 말한다.[8]

우리는 일반 개신교의 경건 이념이 '데보티오'라는 용어에 친숙함을 알 수 있다. 그러나 프랑스 개신교의 토양이 된 칼뱅 개혁 교회의 경건 개념은 '데보티오'를 '피에타스'로 극복해 낸다. 즉 칼뱅에 의하면 "하나님을 기쁘시게 하고 영화롭게 하는 행위들"[9]과 그의 이름을 믿음으로 따라오는 "거룩한 삶"[10]이 곧 경건이다.

좀 더 구체적으로 말하자면, 경건은 하나님의 은혜로 구원받은 신자들의 삶과 내용들이며, 하나님을 영화롭게 하고 사랑하며 봉사

---

7 Ibid., pp.1731-1740.
8 J. Cavin. L'Institution Chrétienne, Aix en Provence. Kerygma et Farel. 1978.
   Tome Ⅲ. X IX 2. p.303.
9 J. Cavin. op, cit., Tome Ⅱ VIII 8. p.294.
10 Ibid., Tome Ⅰ. X Ⅳ. 4. p.342.

걸어 다니는 **진흙 덩어리**

하는 삶이란 인간 의지에서 나오는 것이 아니고 그분(하나님)의 선물(은혜)에 대한 인간의 자연스럽고 당연한 응답으로서의 행위들이다. 그래서 경건한 사람은 늘 하나님의 말씀, 즉 계시에 순종하고 기도와 삶이 하나가 되며, 하나님께 감사하는 찬미를 하는 것이다. 그리고 하나님의 은혜에 압도되어 그분께 열납되는 모든 삶의 행위가 곧 경건이다.

프랑스 경건(주의)의 모체

우리는 16세기 프랑스 개혁 교회 상황을 칼뱅과 더불어 파악해야 한다. 나아가 칼뱅의 사상을 이해하기 위해서는 16세기 당시 프랑스를 지배했던 시대정신을 모르면 안 된다. 즉 이 시대는 근대 경건주의자들과 기독교 인문주의자들에 의하여 복잡한 양상을 띠고 프랑스 사상계가 움직였다.

근대 경건과 인문주의 경건

16세기 프랑스의 복잡한 사상적 흐름을 일목요연하게 정리하기란 사실상 불가능하다. 그러나 13세기로부터 16세기까지 가톨릭교회 안에서 하나의 좌파운동으로 일어났던 경건주의 물결과 북유럽에서 일어난 기독교적 형태의 인문주의 사상이 프랑스 안에서 함께 어우러지면서, 종교개혁을 위한 열정으로 전개되었다.[11]

프랑스 인문주의는 하나의 독특한 특징들과 고도의 문화적 생명력을 가진 시대정신이요, 운동이라고 할 수 있다. 또한 이는 고전 인문주의와 복음적 경건주의가 혼합된 표본으로 나타났다.[12] 결국 16세기에 프랑스 경건(주의)과 개혁정신에 결정적인 영향을 미친 근대 경건주의 운동은 게르송(J. Gerson), 페트라취(F. Petrach) 그리고 에라스무스(Erasmus)에 의해 활발히 전개되었다.[13]

게르송은 16세기의 다양했던 프랑스 사상의 통로 역할을 했고, 동시에 프랑스 정신의 출발점이요, 종착점으로서 활약했다.[14] 게르송의 주제는 개혁 사상의 필요성이었는데, 그는 이를 위해서 진정한 경건의 삶을 기초로 해야 함을 지적했다. 그의 영성의 구조와 개혁 요소는 신학과 경건 사이에 다리를 놓으려는 지속적인 시도로 볼 수

---

11 여기에서 근대 경건(devotio moderna)에 대한 자세한 언급은 피하였다. 중세 말 13세기에서 16세기 동안에 구교에 대한 반동으로 일어났던 거센 근대 경건주의 운동은 그로테(Grote)로부터 시작하여 토마스 아 켐피스(Thomas à Kempis)에 이르러 절정을 이룬다. 여기서는 근대 경건이 프랑스 기독교 인문주의자들과 칼뱅에게 영향을 끼친 부분만을 언급할 것이다.
12 L. Joseph Richard, *The spirituallity of John Calvin*. 한국칼빈주의연구원 편역. 『칼빈의 영성』, 기독교문화협회, 1986. p.71.
13 Ibid., p.73.
14 Ibid.

있는데, 오직 성경만이 신학의 기초라는 것이다.[15]

이와 더불어 프란체스코 페트라취의 경건 신학이 프랑스 내에 널리 퍼지게 되었다. 그는 "경건은 지혜"라고 말했던 어거스틴의 주장을 되살려, 경건을 통한 내적 성찰과 하나님에 대한 새로운 인식을 강조하기 시작했다.[16] 그에 따르면, 하나님에 대한 인식론적 문제는 믿음의 행위와 뗄 수 없다는 것이다.[17]

페트라취와 게르송은 둘 다 프랑스 인문주의자들의 영적이고 지적인 삶에 영향을 주었고, 게르송은 경험적인 하나님 인식, 페트라취는 인간의 영적이고 지적인 필요를 연결 짓는 지혜에 대해 많은 저술을 남겼다.

16세기 프랑스 경건(주의)에 가장 중요하고 결정적인 영향을 끼쳤던 사람은 에라스무스이다. 그는 기독교의 경건에 대한 아주 포괄적이 지침과 신학적 방법을 프랑스인들에게 제공했다.[18] 에라스무스의 사상적 핵심인 경건은 그의 저서들 속에 빈번히 나타나고 있다. 여기서 그는 경건이 존경이나 헌신, 위탁 등과 같은 마음의 태도로만 남는 게 아니고 외적인 행위 속에도 드러나며, 외적 경건의 완성

---

15 Ibid., p.79.
16 Ibid., p.79-81.
17 Ibid., p.83.
18 Charles Bost. *Histoire des Protestants de France, la Cause*. 1924. pp.24-25.

은 보이지 않는 내부에서 발견된다고 주장한다.

에라스무스에 따르면, 진정한 경건은 교육과 경건의 실천을 통하여 그리스도의 영을 신자들의 일상생활에 적용하는 것이며, 신자들의 삶과 영성은 곧 그리스도를 본받는 것이다.[19]

프랑스 개신교의 정신적 지주 역할을 했던 르페브르(Jacques Lefèvre d'Etaples)는 에라스무스의 영향을 받아 자신의 학식뿐 아니라 경건 신앙으로 프랑스 사상계의 영성을 일깨우는데 헌신했다.[20] 르페브르는 영적인 생활에 자신의 관심을 집중했고 참된 경건의 토대 위에서 충실하게 배워야 한다고 굳게 믿었으며, 게르송처럼 주로 신학과 경건의 관계를 일치시키려 노력하였다.

이처럼 16세기 초 프랑스 경건(주의)은 다양한 근대 경건과 인문주의 영성으로부터 평신도적이고 민주적인 성격을 물려받았다. 이는 신도들의 건전한 영적 삶의 방식에 대한 욕구와 그리스도 중심적인 신뢰, 그리고 내면적인 생활에 더욱 강조점을 두었다. 즉 그들의 경건 생활은 보이는 세계에서 보이지 않는 세계로의 끊임없는 추구와 연결되었고, 인간의 부조리한 세계를 알고 파악하는 것이 곧 하나님을 아는 것이었다.

---

19 L. Joseph Richard, op, cit., p.89.
20 Charles Bost. op. cit., pp.25-26.

이는 개인주의적이며 성령의 역사를 통한 하나님과의 직접적인 관계를 꾸준히 열망하는 것이다. 이 당시 프랑스 경건(주의)은 지적인 생활을 통합시키면서 경건과 교육(pietas et eruditio)의 결합을 통해 신학이 경건의 교리(pietas doctrina)가 되었다. 이 경건의 교리가 프랑스 종교개혁 초기에 진지한 내적인 사람들의 종교적 열망을 충족시켜 주었다. 즉 경건의 교리는 신학과 경건을 결합하고자 함으로써 보다 지성적이고 영적인 세계로 이끌어 갔다.

근대 경건과 칼뱅의 경건

프랑스 개신교의 진정한 출발은 칼뱅 이후 개혁교도들에 의해 이루어졌고, 그들의 경건했던 종교적 삶은 모든 것의 토대가 되었다. 칼뱅의 경건은 근대적 경건으로서 같은 동기에서 비롯되었지만, 그것을 극복하고 새로운 개신교 경건을 이끌어냈다.

칼뱅의 관심이 하나님의 초월성의 지배인 그의 선택하심, 거룩함 그리고 하나님의 영광에 있었음은 분명하다.[21] 그의 신학 사상은 하나님의 초월성에 의해 확립되었으며, 그 자체가 세계의 역사 속에 하나의 패턴을 형성하는 질서 개념으로 나타난다.[22]

---

21 Ibid., pp.113-115.
22 Ibid.

하나님의 절대적 주권은 인간의 완전한 자기 포기를 요구하면서 하나님께만 헌신하고 영광을 돌리도록 한다. 특히 칼뱅에게 있어서 인간의 초월에 대한 본능은 더욱 위대한 예배의 존중으로 나아가는 데 칼뱅과 근대적 경건 사이의 차이점이 여기에 있다.[23]

칼뱅에게 있어 예배 중심주의 자세는 어떤 형태의 우상숭배에 대해서도 절대적으로 반대하며, 참된 영적 예배는 단순한 외적 헌신(devotio)으로 대체될 수 없다. 그는 경건의 내면화를 미신에 대한 가장 좋은 치료제로 생각했다. 따라서 경건은 하나님께 의지를 복종시키는 것이며, 미신은 이와 직접적으로 반대되는 행위다.

칼뱅은 우상숭배를 철저히 정죄하면서 참된 예배행위를 통해 근대 경건의 벽을 뛰어넘는다.[24] 칼뱅에게 있어서 참된 경건은 '자기 부정'없이는 불가능하며, '자기 부정'이 곧 경건의 시작인데, 이 점에서 근대 경건의 수도원적 개념과 차이가 있다.

여기에서 말하는 자기 부정은 하나님을 향한 긍정의 태도로 나타나며, 진리 안에서 인간을 자유롭게 함을 의미한다. 이를 통해 이웃에 대한 형제 같은 사랑 안에 자기를 확립시켜 나아가며, 사랑의 실천으로 하나님을 영화롭게 하는 경건의 삶을 가리킨다.

---

23 Ibid., p.173.
24 근대 경건은 때때로 자신의 노력에로 복귀하기를 원하는 용병 경건 때문에 어려움을 겪는다.

이 칼뱅의 자기 부정 태도는 장차 프랑스 개혁 교회가 실천하는 경건 요소로 이어지고 있는데, 그들은 하나님의 말씀(계시)에 충실하기 위하여 자기를 부인하고, 하나님 나라를 바라보며 세상을 부정했다.[25] 16세기 프랑스 개혁교도들은 경건의 실천을 순례자의 삶으로 생각했고 현재의 삶은 영원한 나라를 위한 영적 투쟁 과정에 불과했다.

이 모든 것은 근대 경건주의보다는 칼뱅의 '세상 경멸' 사상에서 왔다고 할 수 있다.[26] 칼뱅의 세상 경멸은 '그리스도를 본받아'의 근대 경건 이론과 다른 정신에 기초하고 있다. 이는 미래지향적 세상 경멸, 즉 미래의 삶과 대조를 통해 현재의 삶은 순간적 순례에 불과할 뿐이다.

그래서 칼뱅의 경건 개념은 수도원 타입의 경건으로부터 완전한 분리를 보이며 에라스무스처럼 본질적으로 사도 시대의 흐름에 서 있다. 그의 경건은 수도원주의에 대해 인도주의적 입장을 취하고 있으며 이 세상으로부터 구별, 세상에 대한 경멸은 수도원에 사는 것으로 보장되지 않고 생활의 습관이나 구조도 아니며 인격적 선택이다.

---

25 Charles Bost. op. cit., p.25.
26 근대적 경건주의 영성에는 두 가지 상반된 경향이 있다. 하나는 세상으로부터 후퇴하는, 곧 고독의 영성으로의 부름이며 다른 하나는 개혁의 필요가 있는 세상에의 적극적 참여에로의 소집이다.

그에 의하면 독백적 명상(meditation)은 경건이 아니다.[27] 칼뱅에게서 경건은 실재에 대한 경멸이 아니라 인간의 내적 삶이 하나님을 의존하는 삶이라는 것을 이해하는 데 있으며 이러한 의미에서는 피조물도 가치를 갖는다.[28] 칼뱅의 경건은 인격적이고 개인주의적이라 할 수 있는데 그의 사고에서 경건은 하나님의 선택과 은혜에 근거된 하나님과의 관계성을 강조한다.

이러한 칼뱅의 개인주의는 그의 종교개혁을 본질적으로 이해하는데 분명히 공헌하였고, 근대 경건주의에 의해 생긴 지식과 경건의 삶과의 간격을 메꾸는 새로운 인식으로 의해 생긴 지식과 경건의 삶과의 교리를 판단하는 기준이 되었고, 신도들의 경건한 삶을 목적으로 삼지 않는 교리는 신실하지도, 경건하지도 않으며 아무런 감화도 없음[29]을 시사하였다.

프랑스 개혁 교회에 남은 칼뱅의 경건의 유산

이상에서 보았듯이 칼뱅은 근대 경건주의의 영향을 받았으나 그것을 극복하였고 종교개혁을 위한 새로운 인식으로 도약하였다. 특히 프랑스 개혁 교회에 물려준 칼뱅의 경건의 유산은 다음과 같이

---

27 monachatus non est pietas.
28 L. Joseph. R., OP, cit., p.179.
29 Ibid., p.182.

요약된다.

첫째, 기독교는 곧 경건이다. 칼뱅에게서 경건 없는 기독교는 생각할 수 없고 그의 사상에서 경건은 제일 먼저 등장한다.[30] 당시 가톨릭교회의 불경에 대항했던 프랑스 개혁교도들의 종교적 삶은 모두 칼뱅의 경건사상을 실천으로 보았다.

둘째, 경건한 삶의 목적은 궁극적으로 창조주 하나님을 영화롭게 하는데 있고 인간의 올바른 삶은 하나님을 절대 의존하는 것으로서 보이는 세계는 창조주 안에서만 가치가 있다. 그래서 경건 안에 있는 제1의 요소는 창조주 하나님을 예배하는 것이고 제2의 요소는 이웃사랑과 봉사다.[31]

셋째, 그럼에도 불구하고 확실한 경건의 표시는 의식에서 표현되는 외적인 예배에 대한 열심에서 발견되는 것이 아니고 인간을 향한 하나님의 사랑 안에서 발견된다. 다만 우리의 연약함 때문에 외적 의식은 필요불가결하다.[32]

넷째, 경건한 사람은 현세 지향적인 것이 아니고 내세를 향하는 도상의 순례자로서 삶을 누린다. 미래의 삶을 위해 현세를 경멸할

---

30 Ibid., p.163.
31 Ibid., p.166.
32 Ibid., p.168.

수 있다. 경건을 방해하는 불경의 요소들과 함께할 수 없다.[33]

다섯째, 참된 경건은 철저한 경건 교육과 종교적 훈련으로 연습되어지고 그 내용은 성경에 기초하여 기도 생활로 풍성해진다.

맺는말

기독교회사 속의 경건의 독특한 역할은 교회가 다수로 있을 때보다는 소수로 있을 때 강하게 나타난다. 특히 교회가 박해의 고통속에 있을 때 이것은 하나님의 빛으로 발했다. 프랑스 개신교가 왕정과 가톨릭교회로부터 사냥당했던 16세기와 18세기는 개신교도들이 거의 말살되었던 격동의 시대였다.

이 시기에 그들의 경건은 대단했고 주목할 만했다. 이는 마치 한국 교회가 경험했던 일제 36년 강점기와 6·25 동란의 시대와 같은 맥락에 놓인다. 어느 시대, 어디를 막론하고 하나님의 교회가 교회로 살아남게 되었던 그 생명력은 경건한 사람들이 굽히지 않았던 신앙의 절개에 있었지, 변절과 타협에 있지 않다는 역사적 교훈을 얻는다.

프랑스 땅의 개신교도들이 사라질 것으로 판단되었을 때 그들은

---

33 Ibid., pp.279-280.

반대로 생생한 경건의 실제를 보여주었고, 경건의 독특한 생명력을 발휘했다. 산과 강, 바다에서 시편을 노래했고, 개인 예배와 가정예 배로 확산되었으며, 하나님의 말씀에만 철저히 순종하였다.

프랑스 목사들이 개신교도들과 더불어 신앙생활의 새 땅을 찾아 스위스, 네덜란드, 벨기에, 독일, 미국, 캐나다, 영국으로 이주하였 고, 이들에 의해 칼뱅 개혁 교회의 뿌리가 세계 속으로 뻗어갔다. 개 혁 교회의 본질이 그 경건에 있는 것처럼 프랑스 개혁 교회는 죽지 않았고 생명이 가지는 의외성을 가지고 늘 움직였으며 하나님의 말 씀에만 충실한 나머지 인간적 대다수의 동의와 일치되지 않을 때가 많았다.

프랑스에 남게 되었던 소수 개신교도들의 경건한 삶은 매우 인 상적이었다. 그들 중 일부는 신앙 투쟁을 계속하다가 결국은 감옥과 피난 가는 배에서 순교했고, 산속 계곡과 숲속에서 살아남았던 개신 교도들은 기도와 성경 연구, 개인 예배와 가정예배 그리고 경건한 종교교육에 힘을 쏟아 장차 프랑스 대혁명을 이끌어내는 데 초석이 되었다.

이는 칼뱅의 전통을 잇는 프랑스 개혁 교회가 갖는 특징으로 그 들은 늘 칼뱅의 가르침에 따랐고 경건한 삶에 의한 교회 개혁과 사 회 개혁을 시도하였다.

숫자 개념에 민감한 반응을 보이는 한국 교회로서는 프랑스 종교개혁을 하나의 실패로 보기 쉬우나 지금까지 프랑스에 남아 있는 소수의 칼뱅의 후예들은 그들의 경건한 개혁 신앙에 대한 자존심과 자부심을 느끼며 살고 있다.

도마(Jean Marc Duamas)[34] 교수의 증언에 따르면, 오늘날 거구이며 늙어버린 프랑스 가톨릭교회에 비하여 소수의 칼뱅 개혁 교회의 활동이 국가와 사회 속에 더 대단하다고 한다.

혹자는 교회가 경건을 강조하고 하나님의 말씀에만 충실하다 보면 수가 모여들지 않고 많은 사람을 수용할 수 없다고 말한다. 그렇다면 반대로 수백만의 기독교인들은 그리스도의 계시와 먼 사람들이라는 지적을 받지 않을 수 없다.

한국장로교회의 뿌리는 개혁 신앙에 있다. 출발부터 개혁 교회는 하나님의 말씀과 진리에 충실하고자 하는 운동이었고, 개인의 신앙고백에 초점을 두었으며, 개인으로 하여금 그리스도를 영접하고 그리스도와 더불어 살도록 경건 훈련을 시켜왔다.

이미 언급했듯이 과거의 경건하지 못했던 교회들은 예수 그리스도의 가르침과는 달리 가난한 자들을 반대했고, 늘 군주 편에 서 있었고, 고용주 편에서 성장하고 발전했다. 이것은 엄격하게 하나님의

---

34 전 프랑스 엑상프로방스(Aix-en-Provence) 개혁신학대학의 역사신학 교수.

말씀에 대한 배반이다. 교회가 사회와 세상의 흐름에 부합하는 곳에는 오늘의 화육된(incarnated) 진리란 없다.

장신대 경건의
나아갈 길

세계 교회사를 통해 터득하게 되는 하나의 교훈이 있다면, 교회가 소수로 있을 때보다는 양적 증가와 함께 대형화되면서 잃어버리는 경건성의 문제다. 한때 중세교회가 공룡처럼 큰 덩치의 위세를 보일 때, 세상보다 더 심하게 부패의 온상이 되었다. 17세기 개신교 정통주의 시대에는 교권과 교조주의자들이 득세하면서 개혁 정신이 사라지고 중세화된 개신교로 치달았던 적이 있었다.

이럴 때마다 참신한 성도들이 부르짖었던 교회 갱신 운동은 기성 제도권 교회의 불경(不敬)에 대한 경건회복운동으로 보아야 한다. 중세의 수도원 운동이 그러했고, 18세기 독일의 경건주의 운동이 이와 맥을 같이하고 있다.

걸어 다니는 **진흙 덩어리**

오늘날 한국의 대형 교회에서 드러난 불경스럽고 부정적인 요소들이 일반 언론에 공개됨으로써 여기저기서 교회 갱신의 목소리가 거세게 일어나고 있다. 한때 전국 남선교회 차원에서 '경건과 절제 운동'을 펼치기도 했지만, 곧 그 한계를 드러내었다.

역사적으로 경건 운동은 두 그룹 차원에서 이루어졌는데, 하나는 기성교회 지도자 중심의 운동이며, 다른 하나는 평신도 중심의 움직임이었다. 전자의 경우는 발 빠르게 경건주의라는 또 다른 교권을 형성하게 되었고, 후자는 분리주의 또는 과격한 신비주의나 영성주의로 나아갔다.

장신대의 정체성에 대한 의문

이런 시점에서 한국 교회 지도자 양성의 요람이라 할 수 있는 장신대는 한국 교회 현실을 정확하게 점검하고, 한국 교회가 나아갈 방향에 대한 구체적인 대안을 제시해야 할 것이다. 아무리 생각해 보아도 한국 교회 미래는, 100년 역사의 지도자 양성의 중심지인 장신대의 정체성(identity) 여하에 따라 판가름 날 듯하다.

만약 장신대가 한국 교회의 불경스러운 대세와 함께 표류하게 된다면, 한국 교회는 서구 교회의 몰락을 답습하게 될 것이 너무나 뻔하다. 한국 개신교가 처음 뿌리를 내릴 때 장신대는 칼뱅이 제네바에 설치했던 목회자 양성소를 방불케 하는 '경건과 학문'의 요람으로서 그 역할을 충분히 해냈다.

그러나 한국 교회의 비약적인 부흥과 더불어 장신대 역시 작은 공룡처럼 아차산 줄기를 가득 채울 정도로 수많은 건물이 들어서고 신학생들이 대거 몰려오고 있다. 외적 규모에 걸맞은 학교의 내실 문제가 거론될 때마다 장신대의 경건성 문제는 항상 의문으로 제기되어 왔다. 걸출한 신학자들을 양성해 낸다는 점에서는 긍정적인 평가를 받아왔지만, 경건한 목회자 양성의 측면에서는 의문부호를 던지지 않을 수 없는 것이다. 어쩌면 '경건과 학문'이라는 두 기둥에서 학문의 기둥이 더 크게 작용했는지 모르겠다.

장신대 경건의 현주소와 대안

한국 교회의 경건성을 논함에 있어서 장신대는 무엇이라 대답할 것인지 숙고해야 할 때가 왔다고 본다. 장신대 경건의 현주소는 무엇이며, 그 대안은 어떠한가?

영성인가, 경건인가?

첫째, 장신대는 기독교, 특히 개혁 교회의 '경건'을 영성의 개념으로 대치시키지 말아야 할 것이다. 그동안 장신대에서는 목회자와 평신도들의 갈증 난 영적 열망의 소리를 들으며 장신대 영성 신학의 틀을 준비해 온 것으로 알고 있다.

그러나 장신대의 영성 신학은 너무나 두리뭉실하고 뭐가 뭔지, 들을 때는 그럴싸한데 교회 현장과는 거리가 멀다는 지적을 받는다. 심지어 가톨릭 영성인지, 개신교 영성인지 구별하기 힘들 정도로 오리무중이란 평가를 받고 있음이 사실이다. 이것이 문제다. 경건을 말하면서 사실은 영성 훈련을 시키는 것이다.

엄격히 말해서 경건 개념은 영성과는 다르다. 아시다시피 영성이란 너무나 광범위하고 포괄적 의미들이 내포된 개념이기 때문에, 각 종교단체와 교파에 따라서 이해의 폭이 천태만상이다. 이것이 영성 신학 전개의 한계일지도 모른다. 더욱이 이 말 안에는 수많은 종교적(신앙적) 감정과 이념이 끼어들기 때문에 개신교 영성 개념을 설정하는 데 큰 어려움이 있을 수 있다.

왜 성경에는 영성이라는 단어보다 경건에 대하여 자주 쓰고 있을까? 왜 종교개혁자 칼뱅도 '기독교 영성'보다는 '경건'에 대하여 언급하기를 좋아했을까? 우리는 영성 신학과 경건 신학을 혼돈하는 경향이 있다. 같은 차원에서 영성 신학자와 경건 신학자는 엄격히 구분된다. 한국 교회가 영성 훈련과 경건 훈련을 혼돈하고 있는 까닭은 장신대의 몫이 크다는 것을 인정해야 할 것이다.

물론 고대에는 경건의 개념이 라틴어, '피우스'(pius)와 '피에타스'(pietas), 그리스어 '유세베이아'(eusebeia)와 '유세베스'(eusebes)에 근거를 두면서 영성의 개념에 가까운 아주 포괄적이고 넓은 의미로 사용된 적도 있었다.

그러나 교부 시대를 거치면서, 특히 클레멘트와 저스틴, 그리고 오리겐 시대에 이르러 경건의 의미가 기독교적 틀을 갖추게 되었고, 어거스틴에 이르러서는 아주 구체적이고 명확하게 신앙적 삶에 적용되는 개념으로 정착하게 되었다.

만약 우리가 영성과 경건의 의미를 혼돈하고 있다면, 아직도 고대 시대의 틀을 벗어나지 못한 까닭이 아닐까? 영성 훈련이 인간의 영성을 훈련 시킨다면 경건 훈련은 이보다 훨씬 구체적이며 실제적인 신앙훈련에 속한다는 사실을 잊지 말아야 한다.

그러므로 장신대는 기독교 영성과 경건의 개념을 분명히 정리해줄 필요가 있다. 이런 측면에서 영성 훈련 대신에 경건 훈련이라는 용어를 사용하고 신앙적 삶과 직결되는 훈련 방안을 모색하는 것이 바람직하지 않을까 생각된다.

개신교 경건의 본질

둘째, 개신교의 경건은 여타 다른 종교의 경건과는 크게 다르다는 사실을 주지할 필요가 있다. 오늘날 한국 교회 안에서 경건에 대해 정의를 내릴 때, 보통 유교적 경건과 차별 없이 설명하는 경우를 볼 수 있다. 우리가 경건한 사람을 생각할 때 어떤 이미지를 갖는가? 일단 보수적이고 어리숙한 모습이 떠오를 것이다. 그것은 어쩌면 경건을 수도원 스타일의 지극히 고답적인 사람들의 전유물처럼 생각해 왔기 때문일 것이다.

그뿐 아니라 기독교 경건을 엄격주의나 금욕주의 틀 속에 묶어 버리는 습관이 있다. 우리는 칼뱅이 지적한 개신교 경건의 개념을 찾아야 한다. 그는 자연인 그 자체로서는 경건에 이르지 못한다고 하였다. 오직 하나님의 은혜로운 선물로서, 우리를 부르신 호출에 대한 정확한 응답으로 모든 삶의 내용이 곧 경건이다.

이것은 개혁자들이 발견한 기독교의 본질이기도 하다. 가톨릭과 루터교가 하나님의 은혜로운 부름보다는 인간의 행위와 응답에 초점을 두고 경건을 말한다면, 개혁 장로교는 행위 이전의 동기(motif: 하나님의 부름)에 그 중요성을 두고 있다.

칼뱅에 의하면 경건은 한마디로 하나님께 드려지고 바쳐지는 삶의 내용들이다. 무엇보다도 부름 받은 선한 양심이 하나님의 호출을 들어야 하며, 그 들음에 대한 올바른 응답이 경건한 삶이다.

윤리적인 틀을 뛰어넘어

마지막으로 개신교의 경건은 윤리적 틀에 묶이지 않는다. 기독교 역사에서 가장 위험했던 일 가운데 하나가, 계시의 말씀이 도덕적 규범으로 둔갑했을 때다. 4세기에서 6세기 동안 게르만족의 대이동과 함께 로마제국의 국교가 된 기독교는 계시의 말씀보다 윤리적 교훈을 설파한 나머지 기독교의 독특한 계시의 말씀을 잃고 말았다.

예수님의 말씀을 윤리적 틀에 끼여 맞춘다거나, 바울서신을 윤리적 교훈으로 둔갑시키는 것처럼 불경스러운 일이 또 어디 있겠는가? 성경 속에서 하나님의 계시는 체계적인 도덕의 규범으로 나타나지 않는다. 도덕이란 각 시대에 국가와 민족문화 속에 자리한 생활 관습일 것이다. 그러나 계시의 말씀에는 그 도덕적 규범을 뛰어넘는 독특성과 의외성이 내포되어 있다.

복음은 죄인을 벌하고 성도들을 얽매이게 하는 법전이 아니다. 오히려 죄인을 용서하는 은혜의 선포요, 자유로운 삶으로 초청하는 기쁜 소식이다. 따라서 경건 운동은 기독교 도덕 회복 운동의 차원이 아니다.

사람들은 흔히 도덕적 체계를 수립함으로써 하나님의 뜻과 전혀

걸어 다니는 **진흙 덩어리**

상관없는 다른 선을 행하면서 스스로 경건하다고 자위하기를 좋아한다. 예수님 당시 가장 도덕적이고 완벽을 추구했던 바리새인들과 서기관들이 왜 주님의 공격과 질타를 받았겠는가? 그들은 계시의 말씀은 아랑곳하지 않고 오로지 자신들이 세워놓은 도덕적 삶에 충실했기 때문일 것이다.

만약 한국 교회 강단이 계시의 말씀보다는 이생에 목적을 둔 도덕과 기복적 축복을 강조한다면 이것은 가장 파렴치한 불경일 것이다. 오늘날 한국 교회에는 무엇을 먹으라 먹지 말라는 규정이나, 무엇을 마시라 마시지 말라는 행동 지침에 앞서 하나님께 붙들려 사는 양심과 신앙 내면의 세계에 충실하도록 유도하는 수준 높은 경건 훈련이 요청되고 있다.

지금 한국 교회는 장로회 신학대학을 주시하며 개신교의 경건 지침에 대하여 목말라하고 있다. 장신대의 정체성(identity)이 곧 한국 교회의 미래를 결정할 것이다. 유교적 도덕 체계와 가톨릭 영성을 뛰어넘는 개신교만의 독특한 경건 모범을 제시해야 한다. 탁상공론에 그치는 어정쩡한 신학 체계가 아니라, 교회 현장의 영적 갈망을 꿰뚫는 명쾌한 경건 훈련의 장을 마련해야 할 것이다.

경건 훈련과 영성 훈련은 분명히 다르다고 말해 주어야 하며 개신교의 경건 안에는 가톨릭의 경건을 극복해 낸 칼뱅 전통의 심오한 내용이 있음을 밝혀 줘야 한다. 지금은 얕은 물가에서 머무는 윤리적 경건을 뒤로하고, 계시만이 가진 생명력과 의외성의 경건을 회복할 바로 그때다.

걸어 다니는 **진흙 덩어리**

먼저 이 책이 나오기까지, 콩고민주공화국에 파송된 임한중 선교사님과 서림교회 김옥자 은퇴목사님, 그리고 김성진 목사님이 없었다면 편집이 불가했음을 밝힙니다.

회고록이라 할 만큼 저의 과거를 과감하게 노출하고 나니, 대중 앞에 벌거벗은 느낌이 듭니다. 오래전에 원고를 준비해 놓고 망설이다가 목양 생활을 은퇴하면서 큰 용기를 내 출판하게 되었습니다.

흔히 접하는 회고록보다는, 틀을 벗어나 자유스럽게 표현함으로 가슴앓이와 응어리들을 표출해보았습니다. 또한, '서림교회'(서림호)

라는 구원선 식구들(선원들)이 두고두고 눈에 아른거릴 것 같아서 한 마디씩 부탁했습니다.

마지막으로 팔불출 같지만 흉이 될지라도 아내 조영선 사모 이 야기를 하고 싶습니다. 20세 때 부유한 장로님 셋째 딸로, 25세인 저자를 만나 29세에 결혼하였습니다.

외국인에게 박사학위를 주지 않기로 유명한 프랑스 엑상프로방 스 개혁신학대학교에서 신학박사(Th.D)를 취득하기까지 조영선 사모의 내조는 정말 위대했습니다. 특히 큰딸 지은이를 강원대학 의과대 교수로, 작은딸 사은이를 캐나다 토론토 오캐드 대학(OCAD University) 교수로, 이렇게 남편과 두 딸을 교수로 조련한 현숙한 여인입니다.

독자 여러분이 잘 아시다시피, 남편이 중풍으로 쓰러지기 전에 교회 앞에 말 한마디 하지 않고 내조한 사모였습니다. 저자가 29년 의 목회 여정을 잘 마칠 수 있었던 가장 큰 힘이었음을 고백합니다.

걸어 다니는 **진흙 덩어리**

최근 가족 사진

나의 사랑, 서림교회는 나의 전부입니다.

이 책을 서림교회에 바치고 싶습니다.

『걸어 다니는 진흙 덩어리』
발간을 축하하며

김옥자 목사

목사님은 저에게 신학교에서는 스승님으로서 경건 신학 이론을, 교회 현장에서는 경건 신학의 실천을 가르쳐 주셨고 가정적으로는 영적 아버지가 되어 주셨습니다. 목사님의 삶을 곁에서 지켜보며 섬뜩할 정도로 세밀하게 간섭하시는 하나님을 뵈었고, '세우신 주의 사자'들이 걸어가야 할 길을 알게 되었습니다.

정재우 목사

저의 영적 스승이신 목사님과 서림교회에서 사역한 것은 저에게는 축복이며 은혜의 시간이었습니다. 목사님의 사역 순간들을 함께해서 감사합니다. 교회가 부흥하던 때, 쓰러져 힘겨워하던 때, 다시 회복해서 일어선 때, 그리고 때가 되어 마무리하는 시간까지 함께함이 은혜입니다. 근원으로 돌아가는 교회, 복음으로 세상을 물들이는 교회, 오직 하나님의 나라를 세워가기 위해 목사님이 걸어가신 길을 저도 끝까지 걸어가겠습니다. 감사합니다.

이완기 목사

"생긴 대로 살자. 주신 대로 살자. 목회는 기다림이다." 모든 가르침을 다 기억할 수는 없지만, 입이 닳도록 말씀하신 명대사만으로도, 부족한 제게 충분한 나침반이 되었습니다. 사도 바울이 영적 아버지였던 디모데가 하나도 부럽지 않은 것은, 제게 목사님이 계셨기 때문입니다.

이경준 목사

무너져가는 한국 교회가 앞으로 걸어가야 할 교회상을 제시해주신 목사님! 근원으로 돌아가, 하나님만을 바라보는 수직적 교회, 이웃을 섬기는 다운 비전으로 영성이 살아있는 교회를 삶으로 보여주신 목사님! 목사님의 깊은 영성이 담겨 있는 이 책을 통해 한국 교회가 목회적 방향을 바로잡고, 복음으로 세상을 물들이는 믿음의 공동체로 회복되기를 기도합니다.

강한별 목사

목사님의 삶과 메시지에는 치유와 회복이 있습니다. 목사님과 함께한 8년의 시간은 저에게 치유와 회복을 경험하는 귀한 시간이었습니다. 목사님의 삶이 고스란히 녹아 있는 이 귀한 책을 통해서 한국 교회와 성도님들 역시 치유와 회복의 영성을 경험할 수 있기를 기대합니다.

송광선 목사

삶으로 보여주신 목사님의 영성이 이 책에 고스란히 녹아져 있습니다. 하나님의 부르심에 한결같은 응답으로 경건의 삶을 살아내신 목사님의 신앙과 목회 이야기가 우리 마음을 울립니다.

김성진 목사

목사님을 보면서 항상 생각했습니다. "한국 교회에 이렇게 순수한 목회자가 또 있을까?" 남다른 영적 민감성으로 하나님의 말씀을 해석하고, 그 말씀을 삶으로 녹여내고자 몸부림치기에 남은 것이라고는 복음밖에, 교회와 성도밖에 모르는 순수함이라고 느꼈습니다. 29년 동안의 목회 현장을 떠나는 아쉬움이 있지만, 한국 교회는 보화와 같은 본서를 갖게 되었습니다.

박은승 목사

지난 29년간 송재식 목사님의 서림교회 목회사역 중심에는 깊은 영성과 말씀의 능력이 자리 잡고 있었습니다. 목사님의 말씀을 들을 때마다 탁월한 해석 능력과 영적 깨달음을 통해 말씀의 본질에 더욱 가까이 다가감을 느끼고, 배우는 값진 시간이었습니다. 하나님은 세 번의 쓰러짐과 세 번의 일으켜 세우심을 통해 근원으로 돌아가고자 외치는 영성을 빚으셨고, 삶의 고난 가운데 만나는 주님의 은혜는 수직적 교회로 나아가고자 하는 열망에 말씀의 힘을 더하셨습니다. 목사님은 이 시대를 살아가는 지친 영혼들의 말씀의 갈급함과 영적 목마름을 채워주는 목회자였습니다. 이 책을 읽는동안 목사님을 개혁주의 신학자로서 비상하게 한 깊은 영성과 깊이있는 말씀의 은혜를 함께 발견하게 될 것입니다.

조용현 목사

영성을 연구하는 신학자와 영성을 강조하는 목회자는 많지만, 영성을 학문으로 체계화시키면서도 목회로 실천하신 분은 별로 없습니다. 송재식 목사님은 영성이라는 키워드를 한국 교회에 학문과 목회로 균형 있게 제시하신 분입니다. 이 책을 통해 송재식 목사님의 영성 신학과 영성 목회를 진솔하게 알 수 있습니다.

서정화 목사

살아 있는 간증집. 그 끝은 감사로 남았다. 29년간의 목회 일정 속에 단 하루도 하나님의 인도하심이 아닌 적이 없는 그 은혜를 느낄 수 있었습니다.

임한중 선교사

늘 먼 발치에서만 지켜보고 흠모했던 목사님을, 짧은 기간이지만 가까이서 모시게 된 것은 제게 너무나 큰 기쁨이었고 영광이었습니다. 인도 사역지에 들어가지 못해 애태우던 저에게 손을 내밀어 주시고, 미지의 새로운 땅 콩고민주공화국에서 선교사역의 두 번째 불꽃을 태울 수 있도록 기회를 주신 목사님께 감사를 드립니다. 더불어 제가 서림교회에서 새로운 사역을 준비하는 동안 송 목사님의 설교집 『다시 수직적 교회로』와 자서전 『걸어 다니는 진흙 덩어리』의 출판에 미력이나마 힘을 보탤 수 있게 되어 감사했습니다. 불우했던 어린 시절, 기댈 곳 없던 청춘의 고뇌 속에서 오로지 예수님만을 붙들고 영적인 고투를 계속했던 목사님의 젊은 날들이 제가 살아왔던 날들과 오버랩되어 눈물짓지 않을 수 없었습니다. 영적 구도자로, 신학도로, 영성 신학자로, 그리고 오직 서림교회의 목회자로 29년을 헌신해 온 목사님의 삶은, 이제 광야와도 같은 선교지에서 남은 선교 여정을 걸어갈 저에게 언제나 변함없이 갈 길을 지시하는 북극성이요 나침반이 될 것입니다.

김주영 전도사

하나님과 인간 사이의 엄청난 장벽과 거리 그리고 착오. 그것을 가깝게 하실 분도, 멀리 떨어뜨리실 분도 하나님이신 것을 목사님의 일생을 보고 철저히 느끼게 됩니다. 목사님의 평생 걸어오신 길을 잠시 잠깐의 훑음으로 어찌 알 수 있겠습니까? 하지만 왼손으로 비뚤거리며 써 내려가셨을 고통의 순간들을, 오른손을 들게 하시며 영혼들을 위해 축복하게 하신 그 온전한 두 손을 저는 직접 눈으로 보았기에, 그 감격과 환희는 이루 말할 수 없었습니다. 하나님께서 보따리를 풀어 보이시며 그의 섭리를 목사님을 통해 이루셨습니다. 제가 지금은 서림교회 전도사이지만 사역자이기 전 목사님의 꼴을 먹었던 고집스러운 양이었습니다. 길을 인도하는 목자의 음성을 듣기보단 제 고집에 흔들리고 방황했던 저를 하나님께서는 목사님을 통해 서림교회라는 안전한 뜰로 인도하셨지요. 모진 세월 속에 부딪히고 깨지던 저를 사역의 길로 걸어가게 하시며 목사님의 기도와 응원으로 지금 작은 영혼들에게 저 또한 받았던 은혜를 입히려 노력합니다. 날마다 계속되는 인간의 한계와 그 너머로 임하게 되는 하나님의 현존, 그것이 엄청난 은혜라고 말씀하시는 그 말씀, 기억하겠습니다. 항복하겠습니다. 깨우치며 살아가겠습니다. 하나님의 비밀 보따리가 풀리길 기대하며 목사님의 걸어가신 그 길, 저 또한 기도하며 동참하겠습니다. 늘 평안하시길 기도합니다.

최요한 전도사

진흙 덩어리를 걷게 만든 경건 훈련의 실재를 기록한 책. 계시적 말씀을 통한 경건에 이르기를 원하는 분들에게 일독을 권합니다.

이영원 전도사

2021년, 저는 40여 년 인생을 사는 동안 한 번도 밟아본 적이 없는 광주 땅에 왔습니다. 낯선 도시, 가족도 친구도 없는 광주의 서림교회에서 송재식 위임목사님을 뵙고 인사를 드리던 그날이 아직도 생생하게 기억납니다. 목사님께서는 저와 아이를 위해 "무엇보다 잘 적응할 수 있도록" 기도해주셨습니다. 그리고 그 기도가 이루어졌습니다. 제가 경험한 송 목사님께서는 한 사람 한 사람을 하나님의 시선으로 바라봐주시고, 때마다 일마다 필요를 알아주셨습니다. 이 책을 통해서 어떻게 목사님께서 지성과 영성을 조화롭게 이루어가실 수 있었는지를 배울 수 있었습니다. 감사합니다.

김예찬 전도사

이 책에서 자신의 건강이 망가지는 것보다 하나님의 뜻을 우선으로 따르신 위임목사님의 삶을 볼 수 있다. 독자들이 이 삶을 통해 우리를 사용하시고 역사하시는 하나님을 느낄 수 있길 바란다.

정 길 전도사

입으로 말하기보다 무릎으로 기도하며 목회자의 삶, 그리스도인의 삶이 무엇인지 본이 되었던 목사님의 가르침을, 이 책을 읽는 모두가 배우고 닮아가기를 소망합니다.

박후인 전도사

"예수를 닮은 목자, 송재식!" 송재식 목사님은 기독교의 경건에 대해 깊이 있게 탐구하고 묵상하는 영성 신학자이자, 목회자입니다. 무엇보다 목사님의 "세 번의 쓰러짐과 다시 일어선 삶"을 통해 보여주셨던 기적과 헌신은, 많은 사람에게 영감을 주었고, 신학생인 저에게는 도전과 존경의 대상입니다. 특별히 다음 세대와 청년을 향한 전 폭적인 지지와 사랑이 담긴 섬김은 이 시대를 살아가는 청년들로 하여 위로와 소망, 능력이 되었습니다. 한 명이라도 더 많은 사람이 이 책을 읽고, 평생을 작은 예수로 살아간 목사님에게서 그리스도인의 삶을 배우길 소원합니다.

김경민 간사

빠르게 변하는 현대 사회. 그 속에서 고군분투하는 청년들에게 앞이 아닌, 하늘을 보게 하시는 송재식 목사님의 말씀은 언제나 청년들에게 큰 힘과 도전 그리고 위로가 되었습니다. "근원으로 돌아가라! 다시 수직적 교회로!" 외치며 늘 바른 신앙 교육을 해주신 송재식 목사님의 말씀을 이 시대 청년들에게 추천합니다.

문윤아 간사

"시퍼렇게 살아 계신 하나님"이라는 말씀이 제게 선명하게 각인되었습니다. 그리고 목사님을 통해 그 하나님을 또다시 경험합니다.

류영아 사무실장

목사님의 예전 자료들을 볼 기회가 있었습니다. 잉크를 묻혀 쓴 펜글씨들이 가득했습니다. 현재의 다짐과 미래의 계획은 구체적이고 자세했습니다. 언젠가 교우들에게 보여주었던 일생 도표가 그중 하나입니다. 쓰러지시고 난 후 다시 강대상에 서신 목사님의 육필 원고를 타자하며 저장하게 되었습니다. 다른 때보다 유독 비뚤배뚤한 글씨와 썼다 지우기를 반복한 원고를 대하는 날이면 가슴이 먹먹합니다. 그런 날이면 유난히 강대상에 목사님의 음성이 쩌렁쩌렁합니다. 전하고 싶은 메시지는 많은데 안타까움이 더욱 앞설 때 오히려 온몸을 쥐어 짜내느라 용을 쓰신다는 것을 이제 알게 되었습니다. 경건의 능력은커녕 모양도 없는 시대에 우선 모양이라도 있어야 한다. 지켜야 할 모양마저 무너지면 끝장이다. 죽어야 산다. 돌아와야 산다고 피토하듯 외치셨습니다. "오라 우리가 여호와께로 돌아가자 여호와께서 우리를 찢으셨으나 도로 낫게 하실 것이요 우리를 치셨으나 싸매어 주실 것임이라." 돌아오면 산다고 외치시던 말씀이 그저 외침으로 그치지 않도록 하겠습니다.

걸어 다니는 **진흙 덩어리**